Rigby PM

Programa de

evaluación

Notas, análisis y registros para el maestro

Authors
ELSIE NELLEY
ANNETTE SMITH

Advisory Board
KATHY ESCAMILLA, Ph.D.
AURORA COLÓN GARCÍA
SANDRA LUGO

Spanish Language Consultant
ELIZABETH DE LA OSSA, Ph.D.

Harcourt Achieve
Rigby • Steck-Vaughn

www.HarcourtAchieve.com
1.800.531.5015

Rigby PM Programa de evaluación, Notas, análisis y registros para el maestro
© 2004 Harcourt Achieve Inc.

Text © 2000 Elsie Nelley and Annette Smith
Originally published in Australia by Nelson ITP

4 5 6 7 8 9 10   1410   15 14 13 12 11
4500332617

Printed in the United States of America

ISBN 0-7578-9394-5

Acknowledgements:
Cover photograph by Sharon Hoogstraten
Text photographs in *Notas, análisis y registros para el maestro*
by Lindsay Edwards and Bill Thomas
Text photograph by Tasmanian Photo Library/Steve Lovegrove.
Cover photograph in *Los castores* by Bruce Coleman Inc./John Swedberg.
Text illustration by Julian Bruère.
Text photograph by Australian Picture Library/Corbis/Bettmann.

Contents

Introducing the *Rigby PM Programa de evaluación*

The *Rigby PM Programa de evaluación* is a comprehensive reading assessment resource:

- Teachers can use the *Rigby PM Programa de evaluación* to assess students' reading abilities using unseen, meaningful texts.

- The *Rigby PM Programa de evaluación* includes 30 accurately leveled texts ranging progressively from emergent level through fluency (grades K–5).

- Guidelines on how to administer the texts and interpret assessment data are on pages 10–15 of these teacher's notes.

- Each benchmark text has a prepared Reading Record and Assessment Record pro forma.

The *Rigby PM Programa de evaluación* offers to schools:

- a quality assessment resource

- a system for accurate identification of students' reading levels

- evidence of students' achievement and progress

- a vehicle for consistent assessment practices within and between schools

- data for school review and community feedback

Information can be used for:

- providing students with constructive feedback
- organizing students into groups of similar learning needs
- planning programs
- reporting to parents/caregivers
- transferring information within and between schools
- developing school policies for literacy learning
- presenting data for class or school accountability
- purchasing resources

Information gained from administering texts in the *Rigby PM Programa de evaluación* can be collated as:

- an individual profile
- a class profile
- or a school-wide profile.

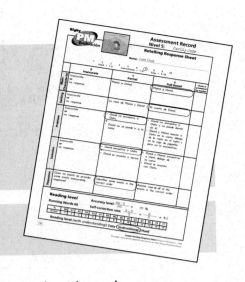

It is recommended that the *Rigby PM Programa de evaluación* be used **only** for assessment.

By using unfamiliar texts for assessment, the child's willingness to take risks, and ability to use and to integrate strategies independently can be measured.

It is important that teachers become familiar with the *Rigby PM Programa de evaluación* texts and procedures before administering the resource.

The student reads from the original text, not from the Reading Record sheet.

The *Rigby PM Programa de evaluación* will identify the student's:

- instructional reading level
- ability to read for meaning
- integration of meaning with structural and visual cues
- self-monitoring systems
- knowledge of print conventions
- rate of learning
- level of independence

Reading Levels in the *Rigby PM Programa de evaluación*

The reading levels of the *Rigby PM Programa de evaluación* texts have been achieved by careful consideration of the following factors:

Concepts

The situations and themes in the *Rigby PM Programa de evaluación* are relevant to students' ages, stages of development, and their likely experience of the world. Experience varies greatly, so concepts can never be perfectly matched to all students.

High frequency words

In the early level *Rigby PM Programa de evaluación* texts, high-frequency words are introduced in the same order as in the Rigby Colección PM books. A very strict control over the number of high-frequency words and their order of introduction ensures that each *Rigby PM Programa de evaluación* text matches a particular Rigby Colección PM reading level. (See "Matching Programa de evaluación levels to Colección PM books" on pages 8 and 9.) This control allows children to read with 95% accuracy. At least 19 words in every 20 have been met before.

Most high-frequency words in Rigby Colección PM books and *Rigby PM Programa de evaluación* texts have been selected from those used most frequently in the free writing of young children. Other high-frequency words are those which storytellers need.

Sentence constructions

The sentence constructions are short and simple in the early *Rigby PM Programa de evaluación* texts, and longer and more complicated as children's ability to understand language grows. Sentence constructions are partly influenced by vocabulary: when conjunctions and relative pronouns are introduced, sentences become more complex.

Level 2: *En el zoológico*

Level 8: *Mi hermana mayor*

Level 17: *El perro avaricioso y el hueso*

Level 30: *Azabache ve un tren de vapor*

Meaning and logic

Each *Rigby PM Programa de evaluación* text has been written with a logical sequence of ideas driving the narrative. This helps young readers derive meaning from the text and thus come to an understanding of the purposes of reading. This focus on logic and meaning makes *Rigby PM Programa de evaluación* texts useful tools for the analysis of children's reading behaviors.

Pages 2–3 *Osito Marcos y el pescado grande (Level 7)* Introduces the characters.

Pages 6–7 *Osito Marcos y el pescado grande* Introduces the problem.

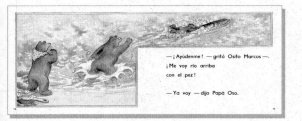

Pages 12–13 *Osito Marcos y el pescado grande* Tension increases as problems mount.

Page 16 *Osito Marcos y el pescado grande* Happy ending for characters.

Testing of *Programa de evaluación* levels

Each *Rigby PM Programa de evaluación* text has been tested with children of an appropriate reading age to guarantee the suitability and readability of the text for a particular level. The children and test sites were chosen to be reflective of the variety of Spanish speakers in the U.S.

Matching *Programa de evaluación* levels to Colección PM books

Use the chart on the following page to match the *Rigby PM Programa de evaluación* level with the appropriate Colección PM (daisy) level and the color level. The school grade levels are suggestions and teachers are encouraged to freely adjust these grade levels according to their personal evaluations.

Grade Level	PM Programa de evaluación Level	PM Level	Color Levels
K (Readiness)	1 2	1 2	Básicos Starters
Grade 1 (Pre-primer)	3 4 5	3 4 5	Rojo Red
Grade 1 (Pre-primer)	6 7 8	6 7 8	Amarillo Yellow
Grade 1 (Primer)	9 10 11	11 10 9	Azul Blue
Grade 1	12 13 14	14 13 12	Verde Green
Grade 1 (Late)	15 16	15 16	Anaranjado Orange
Grade 2 (Early)	17 18	17 18	Turquesa Turquoise
Grade 2	19 20	20 19	Morado Purple
Grade 2	21 22	22 21	Gold
Grade 3	23 24	23 24	Silver
Grade 4	25 26	25 26	Emerald
	27 28	27 28	Ruby
Grade 5	29 30	29 30	Sapphire

Guidelines for Taking the Assessment Record

Follow these guidelines to place a student within the PM program

1. **Identify an appropriate starting level** for the student. Use previous records or your best judgement to identify a starting level.

2. **Sit at a table or desk**, in a quiet area where you will not be disturbed. The student should sit or stand beside you with the book.

3. **Record the student's name, age, and the date**, on the reading record sheet. Help the student to feel comfortable. Explain what you are going to do and why.

4. **Introduce the selected text by reading the title and discussing the cover**. The content of the story must not be expanded upon during this introduction. You can say:

    Este cuento trata de _____.

    Or you can read the introduction sentence provided above the text copy on the reading record.

    For students reading from levels 1–8 say:

    Quiero que veas las ilustraciones y leas las palabras por tu cuenta lo más que puedas. Después háblame del cuento.

    For students reading from levels 9–30 say:

    Quiero que leas por tu cuenta y me cuentes de qué trata.

    If the student asks for assistance while reading the text, say:

    Primero lee por tu cuenta y después cuéntame de qué trata.

5. **When the student has completed reading the text,** say:

   Dime qué pasó en el cuento (el libro).

   Turn the reading record sheet over and analyze the student's retelling.

   If the student shows an in-depth understanding of the text, do not take a reading record. Instead, repeat the above procedures with the text at the next level.

   If the student is unable to retell the story, even with some teacher prompts, repeat the above procedures with the text at the level below.

6. If the above **evidence indicates** that this is the **correct reading level for the student,** proceed with the read aloud. Turn the Reading Record sheet back to the copy of the text and say:

   Ahora quiero que me leas el cuento (el libro).

   Record what the student says and does on the Reading Record sheet. (Refer to the completed example on page 18.)

7. **Ask the student the questions on the Comprehension Check.** Check the box if the student's answer matches the one provided. Record alternate responses. Identify the depth of meaning that the student has gained from reading the text.

8. **Use the accuracy level charts on the Assessment Record to identify the student's accuracy level** and then calculate the self-correction rate. If the accuracy level is between 90%–95%, and the student has replied to the questions with appropriate understanding, the student's instructional reading level has been identified.

9. If the student reads **with greater than 95% accuracy** and replies correctly to all of the questions, **repeat the above procedures with the text at the next level**. If the student reads with **less than 90% accuracy**, repeat the above procedures **with the text at the level below**.

10. **Repeat steps 5–9 until the student's reading level is identified.** Then fill out the **Analysis of Reading Behaviors** (refer to page 15) noting observed achievement of skills and observed difficulty with skills. Teaching objectives can be set from this information under **Recommended Next Steps**.

When is a student ready to move to the next level?

It is recommended that another *Programa de evaluación* assessment be taken after the student has read most of the Colección PM books at the identified placement level.

The *Programa de evaluación* assessment will give a clear indication of the student's control of vocabulary, sentence structures, concepts, and use of skills and strategies to gain a depth of understanding.

For example, when a student is near the end of level 16 he or she has read many books, both fiction and nonfiction, in guided reading lessons. The student will have re-read many of them for pleasure.

If the student is tested on *Programa de evaluación* level 16, and achieves more than 95% accuracy, and shows that he or she is reading with understanding, then the student is ready to move on to level 17.

The *Rigby PM Programa de evaluación*
Assessment Procedures

There are three key elements of the assessment procedure:

Retelling	Reading records	Questions

Retelling

Students reading from books 1–8 are encouraged to retell the events after studying the illustrations and reading silently to the best of their ability. Students reading from books 9–30 are asked to first read the text silently for the purpose of retelling it.

By having students retell what they have just read silently or interpreted from the illustrations, an assessment can be made of how well they have understood the text. The retelling should occur before the student reads the text aloud. The teacher's role is to identify the students' levels of understanding as they:

- demonstrate meaning
- recall the main ideas
- structure and organize the retelling
- retell with appropriate vocabulary and intonation.

As the students retell the text, use the **Retelling Response Sheet** to circle the student's responses. If any responses are not *full detail,* the teacher may prompt the child, marking the column *Checked if prompted by teacher.* During this task, the teacher remains a neutral observer while recording an analysis of the retelling on the **Retelling Response Sheet.** Only minimal prompting from the teacher should occur, such as *"¿Pasó algo más?".* When the retelling is finished, add the points farthest to the right from each row and circle the number directly above the retelling boxes. Then find that number and circle the range where it falls to determine whether the retelling was hard, instructional, or easy.

Reading records

> "Taking running records of children's reading behavior requires time and practice, but the results are well worth the effort. Once learned, the running record is a quick, practical, and highly informative tool. It becomes an integral part of teaching, not only for documenting children's reading behaviors for later analysis and reflection but sharpening the teacher's observational power and understanding of the reading process."

> *Guided Reading,* Irene C. Fountas and Guy Su Pinnell, Heinemann, 1996.

For a detailed description of taking, scoring, and analyzing reading records, see *An Observation Survey of Early Literacy Achievement,* Marie Clay, Heinemann, 1993. You can also refer to the Spanish reconstruction of the survey in *Instrumento de observación de los logros de la lecto-escritura inicial,* Kathy Escamilla et al., Heineman, 1996.

Taking a reading record
- The student sits or stands beside the teacher.
- The text must be seen clearly by the student and the teacher.
- The teacher does not prompt and remains objective throughout the reading.
- It is suggested that up to 100 running words will provide adequate information for levels 1–10, 150 running words for levels 11–20, and up to 200 running words for levels 21–30.
- Recording should be done on a standardized record sheet. The *Rigby PM Programa de evaluación* provides an exact pro forma for every text.

Useful conventions for taking Reading Records

- Mark every word read correctly by the student with a check mark.

$$\overset{\checkmark}{\text{Mom}} \ \overset{\checkmark}{\text{said,}}$$

$$\text{``}\overset{\checkmark}{\text{Go}} \ \overset{\checkmark}{\text{to}} \ \overset{\checkmark}{\text{bed,}} \ \overset{\checkmark}{\text{Sam.''}}$$

- Record all attempts and errors by showing the student's responses above the text.

Child:	is	see
Text:	said	

- If the student self-corrects an error, record it as a self-correction, not an error.

Child:	is	SC
Text:	said	

- If a word is left out or there is no response, record it as a dash and call it an error.

Child:	—
Text:	went

- If a word is inserted, record it and call it an error.

Child:

$$\text{Text:} \quad \overset{\checkmark}{\text{Go}} \ \overset{\checkmark}{\text{to}} \ \overset{\checkmark}{\text{bed,}} \ \overset{now}{\wedge} \ \overset{\checkmark}{\text{Sam}}$$

- If the student is told a word by the teacher, record it with a **T** and call it an error.

Child:	is	
Text:	said	T

- If the student appeals for a word, say "You try it." If unable to continue, record **A** for appeal, tell the student the word and call it an error.

Child:	is	see	A
Text:	said			T

- Repetition is not counted as an error, but is shown by an **R** above the word that is repeated, as well as the number of repetitions, if more than one.

$$\overset{R}{\checkmark} \quad \text{or} \quad \overset{R^3}{\checkmark}$$

- Record **R** for repeats plus an arrow if the student goes back over several words or even back to the beginning of the page.

$$\overset{\checkmark}{\text{Go}} \ \overset{\checkmark}{\text{to}} \ \overset{\checkmark}{\text{bed,}} \ \overset{R}{\text{Sam}}$$

- If the student appears confused, help by saying "Try that again." This is counted as one error only before that piece of text is reread.

Child:	Get	the	dog	
Text:	Go	to	bed,	$\overset{\checkmark}{\text{Sam}}$	TTA

Identifying a student's reading level

The information on a Reading Record identifies the cues and strategies that a student uses while processing print. Reading levels can be identified when accuracy and self-correction rates are calculated. When a student successfully searches for extra information to correct an incorrect response, this is recorded as a self-correction.

- Put a **1** in the first two columns of the Reading Record sheet beside every error and self-correction. Count the number of errors and self-corrections and record these at the bottom of the first two columns.

- The accuracy rate is calculated by subtracting the number of errors from the running word count and dividing that number by the running word count. This accuracy rate has already been calculated for the first 15–30 errors for each benchmark text level and appears in each Assessment Record at the bottom of the **Retelling Response Sheet.**

   Accuracy rate formula: $\dfrac{RW - E}{RW} = \%$ of Accuracy

For example, if the running word count is 133 and the student has 14 errors, the formula would look like this:

$$\frac{133 - 14}{133} = \frac{119}{133} = 89\%$$

- The self-correction rate is calculated by adding both errors and the number of self-corrections together and then dividing by the number of self-corrections, e.g., errors 6, self-corrections 3

$$\frac{6 + 3}{3} = \frac{9}{3} = \text{a S.C. rate of } 1 : 3$$

- In the next two columns write **MSV** beside every error and self-correction. The letters are an abbreviation for the cues that students use:

M	for meaning
S	for the structure of the sentence
V	for sources of visual information.

- Analyze each error. Circle the cueing system(s) the student used while reading:

M	if the student was trying to use meaning	Ⓜ S V
S	if the student was trying to use language structure	M Ⓢ V
V	if the student was trying to use visual cues	M S Ⓑ

- To analyze a student's self-correction behaviors, first circle in the **Errors** column the cueing systems that the student used when they made the incorrect response. Then circle the cues the student used to change the incorrect response to a correct one in the **Self-correction** column.

- Count the number of times each type of cue was used, and record the total at the bottom of the last two columns. This information will give insight into the dominant cues being used by the student.

Analyzed information from the Reading Record is totaled at the bottom of the columns. This information will help you make recommendations for reaching objectives on the next page of the Assessment Record, under **Analysis of Reading Behaviors.**

Analysis of Reading Behaviors

Teachers use these checklists to evaluate student's reading level behaviors and evaluate yearly progress. The results provide an overall assessment of progress in reading behaviors and skills. As teachers observe each reading behavior on the checklist, they record the date under the correct observation and include comments for parents and next-year's teacher.

The column *Recommended Next Steps* provides an opportunity to set objectives that will relate to the student's reading behaviors, such as:

- Are concepts about print firmly established?

- Does the student search for meaning?

- Does the student confirm structure so that the reading makes sense?

- Does the student use letters and letter-sound relationships to confirm visual information?

- Is there evidence of self-monitoring?

- Is the student self-correcting?

- Is there evidence of fluency and phrasing in the student's oral reading?

Questions

By responding to the comprehension questions on the Assessment Record, students will demonstrate the depth of meaning that they have gained from reading the text. Besides recalling and exploring details from the text, students are invited to use their own background knowledge and experiences as they respond to the questions. If students do not respond with the given answer, note their response in the space provided. Use your best judgement to decide if the alternate answer is appropriate or not.

- The students are asked the prepared questions **after** they have completed the reading record and finished reading the story.

- There are 3 questions for levels 1–10, 4 questions for levels 11–20 and 5 questions for levels 21–30.

- The questions will include:

  Literal comprehension which requires students to recall or locate the information in the text.

Inferential comprehension which challenges students to link meaning with other sources of information either in or beyond the text.

Some questions in levels 21–30 will challenge students to explain *generalizations or points of view*.

Reading Fluency Assessment

In addition to the four sections of the Assessment Record (Retelling, Reading Record, Analysis of Reading Behaviors, and Comprehension Questions), teachers can also administer the Reading Fluency Assessment found on page 147 of this Guide. Teachers can use this tool to determine the reading fluency of students with respect to expression, accuracy, punctuation, and appropriate phrasing.

The Reading Fluency Assessment should only be completed with students whose Reading Record indicates that they are reading at 90 percent or greater accuracy, at instructional level or above. Detailed instructions for administering the Reading Fluency Assessment are provided on page 146 of this Guide.

Rigby
PM Programa de evaluación

Assessments and Reading Records

See pages 10–11 for guidelines on how to administer the assessment records.

Notes on running words

In the *Rigby PM Programa de evaluación* the number of running words in a Reading Record extract have been calculated following these rules:

- The cover and title page are not counted.

- Compound words are counted as one word.

- Animal noises that include a vowel, e.g., *¡Guau, guau!*, are counted as words.

- Numbers in numeral form, e.g., 1, 2, 3, are not counted as words, but when they are spelled out, e.g., *uno, dos, tres*, they are counted as words.

Sample Assessment Record
Nivel 5: *David y Osito*

Retelling Response Sheet

Name: Luis Cruz

1   2   3   4   5   6   ⑦   8   9   10
Hard = 1–6   (Instructional) = 7–8   Easy = 9–10

	0 **Inaccurate**	**1** **Partial**	**2** **Full Detail**	**Check if prompted by teacher**
Main Character(s)	Inaccurate **or** no response	Mamá **o** David	Mamá **y** David	
Setting	Inaccurate **or** no response	La casa de Mamá y David	El cuarto de David	
Problem	Inaccurate **or** no response	• David no encuentra a Osito. **o** • David no se puede ir a la cama.	• David no encuentra a Osito y no puede dormir sin él. • David y Mamá buscan a Osito en la cama, debajo de la ropa, en el cajón y en la caja de juguetes, pero no lo encuentran.	
Solution	Inaccurate **or** no response	• David encuentra a Osito. **o** • David se acuesta a dormir.	• David y Mamá encuentran a Osito debajo de la cama. • David se acuesta con Osito.	
Sequence	Gives *no* events **or** provides *some* events inaccurately sequenced	Identifies *some* events in the correct order	Relates *most* **or** *all* of the events in the correct order	

Reading level

Running Words 66

Accuracy level: $\dfrac{66 - 3}{66}$ = 95 %

Self-correction rate: $\dfrac{3 + 3}{3}$ = $\dfrac{6}{3}$ = **1:**2

%	98	97	95	94	92	91	89	88	86	85	83	81	80	79	77
Errors	1	2	3	4	5	6	7	8	9	10	11	12	13	14	15

Reading level *(with understanding)*: Easy (Instructional) Hard

Sample Reading Record

Name: Luis Cruz   **Age:** 6   **Date:** 10/28/04

Text: **David y Osito**   **Level:** 5   **R. W:** 66

Accuracy: 95%   **S.C. Rate:** 1:2

Page	Éste es un cuento sobre David y Mamá a la hora de acostarse.	E	S.C.	Errors MSV	Self corrections MSV
2	Mamá dijo: —A dormir ya, David. *(allá, R)*	1		M Ⓢ Ⓥ	
4	—No puedo ir a la cama —dijo David—. *(dice)*	1		Ⓜ Ⓢ Ⓥ	
	Osito no está en la cama. ¿Dónde está? *(A donde │R│SC✓)*		1	M S Ⓥ	M S Ⓥ
6	David buscó y buscó a Osito. Mamá también buscó *(t— │A│ T)* y buscó a Osito.	1		Ⓜ S Ⓥ	
8	—¿Dónde está Osito? —dijo David—. ¿Dónde está? —Aquí no está *(R₂)* —dijo Mamá.		1	Ⓜ Ⓢ V	M S Ⓥ
10	David y Mamá buscaron en la caja.				
12	—Osito no está en la caja —dijo David—. ¡Mira, Mamá! *(Miren │R│SC✓)* ¡Aquí está!		1	M S Ⓥ	Ⓜ Ⓢ Ⓥ
	Total	3	3	③ ③ ⑤	① ① ③

Rigby PM Evaluación

Nivel 5: *David y Osito*

Sample Analysis of Reading Behaviors

Name: Luis Cruz

Record the date under the appropriate observation and next steps you recommend.

PM Levels 3–14 Early Reading

Reading Skills	Observed Achievement of Skill	Observed Difficulty with Skill	Recommended Next Steps
Recalls facts from nonfiction text	10/28/04		
Uses prior knowledge to help construct meaning	10/28/04		
Uses decoding skills		10/28/04	
Shares feelings about text		10/28/04	Encourage self-expression
Relies more on word cues than on picture cues		10/28/04	
Self-monitors by asking questions: Does it make sense? Sound right? Look right?		10/28/04	Prompt self-monitoring
Responds creatively to content in books	10/28/04		
Makes some text-to-self connections	10/28/04		
Notices miscues and works at correcting them		10/28/04	Encourage self-correction
Uses context to confirm predictions	10/28/04		
Rereads to check meaning	10/28/04		
Retells longer stories in sequence with some detail	10/28/04		
Reads independently for pleasure	10/28/04		
Recognizes and reads an extended core of high-frequency words	10/28/04		
Writes a core of high-frequency words correctly	10/28/04		
Uses contents page and index to locate information	N/A		

Sample Observation of Reading Behaviors © Harcourt Achieve Inc., 2004.

Sample Comprehension Check

Name: Luis Cruz

Questions to check for understanding *(check if understanding acceptable)*

1. ¿En dónde buscaron David y Mamá a Osito? *(literal)*

   Response: (en la cama, en la silla, en el cajón, en la caja)

2. ¿En dónde encontraron a Osito? *(literal)*

   Response: (debajo de la cama)

3. ¿Qué podía pasar si no encontraban a Osito? *(inferential)*

   Response: (Response should reflect interpretation and higher-level thinking.)

Comprehension Strategies Checklist

Record the date under the appropriate observation and next steps you recommend.

Comprehension Strategy	Observed Achievement	Observed Difficulty	Recommended Next Steps
Uses prior knowledge and experience	10/28/04		
Identifies main idea or theme	10/28/04		
Compares and contrasts information	10/28/04		
Summarizes information	10/28/04		
Considers purpose for reading	10/28/04		
Asks questions to clarify meaning	10/28/04		
Connects ideas			
Text-to-text	10/28/04		
Text-to-self		✓ 10/28/04	Encourage questions to connect
Text-to-world		✓ 10/28/04	
Visualizes information		✓ 10/28/04	Match visual and meaning cues
Uses fix-up strategies to monitor comprehension	10/28/04		
Makes and confirms predictions	10/28/04		
Draws inferences	10/28/04		

Teacher: Sylvia Gómez

Date benchmark assessment completed: 10/28/04

The Portfolio of Reading Progress

This folder is designed to hold the Assessment Records for a student, building the student's reading portfolio over the years and moving with the student as he or she changes grades. The folder has the following three sections:

Student's School History and Student's Literacy History

The front of the folder provides room for recording the student's name, the teacher's name, and the school(s) attended, with dates of entry and exit. The Student's Literacy History provides a quick reference to the student's progress and a column to write comments for next year's teacher.

Record of Reading Progress

Found on the back cover of the folder, this chart allows teachers to create a line graph of the student's progress by plotting the result of each benchmark assessment, along with the date each assessment was completed. In addition, a Record of Reading Progress Pro Forma and an example of a completed version of this record can be found on pages 144 and 145 of this Guide.

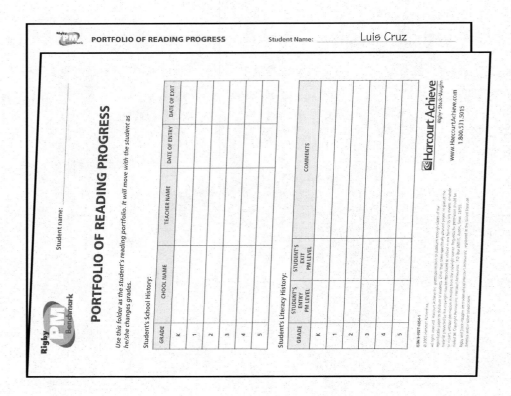

ext Steps: Assessment of Reading Strategies to Guide Instruction

he interior of the folder provides four Reading Strategy Checklists. The teacher will use e Reading Strategy Checklist appropriate for the student based on the last benchmark sessment. The purpose of these checklists is to determine students' mastery of the reading ategies to which they have been introduced.

sed on observed student's needs, the teacher can choose 2 or 3 reading strategies on which focus instruction. The teacher can circle or highlight the strategies on which to focus struction from the group of strategies under the current PM Level at which a student has en benchmarked.

the student is having difficulty with a strategy, it should be noted and dated under oserved Difficulty. When the student has mastered a strategy, this should be noted and ted under Observed Achievement.

addition, the results of these observations can be used for assessing the range of strategies student has learned for end-of-the-year reports and parent conferences. The results can o be used with summer reading lists for students and parents.

mple NEXT STEPS

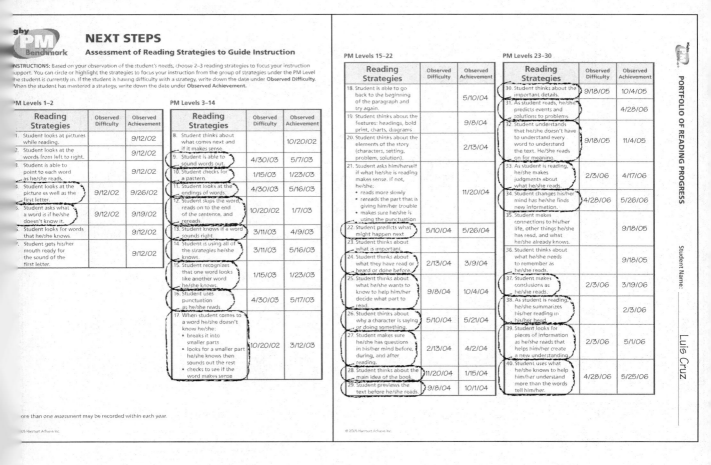

En la mesa

Assessment Record
Nivel 1: *En la mesa*

Retelling Response Sheet

Name: _____

	0 **Inaccurate**	**1** **Partial**	**2** **Full Detail**	**Check if prompted by teacher**
Main Character(s)	Inaccurate **or** no response	Niña	Una niña chiquita	
Setting	Inaccurate **or** no response	Adentro	**1** of the following: casa, sala, su cuarto	
Events	Inaccurate **or** no response **or** **1 or 2** of the following: • La niña pone el carro en la mesa. • La niña pone la muñeca en la mesa. • La niña pone el barco en la mesa. • La niña pone el camión en la mesa. • La niña pone la pelota en la mesa. • La niña pone el avión en la mesa. • La niña pone el autobús en la mesa. • La niña pone el osito en la mesa.	**3–5** of the following: • La niña pone el carro en la mesa. • La niña pone la muñeca en la mesa. • La niña pone el barco en la mesa. • La niña pone el camión en la mesa. • La niña pone la pelota en la mesa. • La niña pone el avión en la mesa. • La niña pone el autobús en la mesa. • La niña pone el osito en la mesa.	**6 or more** of the following: • La niña pone el carro en la mesa. • La niña pone la muñeca en la mesa. • La niña pone el barco en la mesa. • La niña pone el camión en la mesa. • La niña pone la pelota en la mesa. • La niña pone el avión en la mesa. • La niña pone el autobús en la mesa. • La niña pone el osito en la mesa.	
Sequence	Gives *no* events **or** provides *some* events inaccurately sequenced	Identifies *some* events in the correct order	Relates *most* **or** all of the events in the correct order	

Reading level

Running Words 48

Accuracy level: $\dfrac{48 -}{48}$ = _____ %

Self-correction rate: _____ = _____ = 1: _____

%	98	96	94	92	90	88	86	84	82	80	78	76	74	72	70
Errors	1	2	3	4	5	6	7	8	9	10	11	12	13	14	15

Reading level *(with understanding)*: **Easy / Instructional / Hard**

Evaluación

Reading Record

Name: _____

Text: **En la mesa** _____

Age: _____ Date: _____

Level: **1** R. W: **48**

Accuracy: _____ S.C. Rate: _____

Page	Éste es un cuento sobre una niña y sus juguetes.	E	S.C.	Errors MSV	Self corrections MSV
2	El carro				
	está en la mesa.				
4	La muñeca				
	está en la mesa.				
6	El barco				
	está en la mesa.				
8	El camión				
	está en la mesa.				
10	La pelota				
	está en la mesa.				
12	El avión				
	está en la mesa.				
14	El autobús				
	está en la mesa.				
16	El osito				
	está en la mesa.				
	Total				

Analysis of Reading Behaviors

Name: _____

Record the date under the appropriate observation
and next steps you recommend.

**PM Levels 1–2
Emergent Reading**

Reading Skills	Observed Achievement of Skill	Observed Difficulty with Skill	Recommended Next Steps
Understands that writers use letter symbols to construct meaning			
Realizes that print carries a message			
Uses picture cues to comprehend text			
Demonstrates directionality (left/right)			
Demonstrates directionality (top/bottom)			
Matches spoken word to print			
Identifies some sounds			
Identifies uppercase and lowercase letter names			
Understand words are separated by spaces			
Understands that words are made up of letters that correspond to sounds			
Recognizes own name			
Recognizes and reads common environmental print			
Retells stories			
Reads simple one-syllable and high-frequency words			
Recognizes parts of a book (cover, title, title page)			

Comprehension Check

Name:

Questions to check for understanding *(check if understanding acceptable)*

1. ¿Dónde puso los juguetes la niña? *(literal)*

    Response: (en la mesa)

2. ¿Cuál fue el último juguete que puso en la mesa? *(literal)*

    Response: (el osito)

3. ¿Con qué juguete te gustaría jugar? *(inferential)*

    Response: (Response should reflect interpretation and higher-level thinking.)

Comprehension Assessment Checklist

Record the date under the appropriate observation and next steps you recommend.

Comprehension Strategy	Observed Achievement	Observed Difficulty	Recommended Next Steps
Uses prior knowledge and experience			
Identifies main idea or theme			
Compares and contrasts information			
Summarizes information			
Considers purpose for reading			
Asks questions to clarify meaning			
Connects ideas			
Text-to-text			
Text-to-self			
Text-to-world			
Visualizes information			
Uses fix-up strategies to monitor comprehension			
Makes and confirms predictions			
Draws inferences			

Teacher: _____ **Date benchmark assessment completed:** _____

Assessment Record
Nivel 2: *En el zoológico*

Retelling Response Sheet

Name: _____

1 2 3 4 5 6 7 8
Hard = 1–4   Instructional = 5–6   Easy = 7–8

	0 **Inaccurate**	**1** **Partial**	**2** **Full Detail**	**Check if prompted by teacher**
Main Character(s)	Inaccurate **or** no response	Mamá **o** el niño	Mamá **y** el niño	
Setting	Inaccurate **or** no response	Afuera	Afuera en el zoológico	
Events	Inaccurate **or** no response **or** **1** of the following: • Mamá y el niño ven el elefante. • Mamá y el niño ven los osos. • Mamá y el niño ven las cebras. • Mamá y el niño ven los monos. • Mamá y el niño ven un monito.	**2 or 3** of the following: • Mamá y el niño ven el elefante. • Mamá y el niño ven los osos. • Mamá y el niño ven las cebras. • Mamá y el niño ven los monos. • Mamá y el niño ven un monito.	**4 or more** of the following: • Mamá y el niño ven el elefante. • Mamá y el niño ven los osos. • Mamá y el niño ven las cebras. • Mamá y el niño ven los monos. • Mamá y el niño ven un monito.	
Sequence	Gives *no* events **or** provides *some* events inaccurately sequenced	Identifies *some* events in the correct order	Relates *most* **or** *all* of the events in the correct order	

Reading level

Running Words 41

Accuracy level: $\dfrac{41 - }{41}$ = _____ %

Self-correction rate: _____ = _____ = 1:

%	97	95	92	90	88	85	82	80	78	75	73	71	68	66	63
Errors	1	2	3	4	5	6	7	8	9	10	11	12	13	14	15

Reading level (*with understanding*): **Easy / Instructional / Hard**

Rigby PM Evaluación

Reading Record

Name: _____   Age: _____   Date: _____

Text: __**En el zoológico**_____   Level: **2**   R. W: **41**

                                           Accuracy: _____   S.C. Rate: _____

Page	Éste es un cuento sobre un niño y su mamá un día que van al zoológico.	E	S.C.	Errors MSV	Self corrections MSV
2	—¡Ven aquí! —dijo Mamá.				
4	—Ven a ver				
	el elefante.				
6	—¡Ven aquí! —dijo Mamá.				
8	—Ven a ver				
	los osos.				
10	—¡Ven aquí! —dijo Mamá.				
12	—Ven a ver				
	las cebras.				
14	—¡Ven aquí! —dijo Mamá.				
	Ven a ver				
	los monos —dijo Mamá.				
16	—¡Mira el **monito**!				
	Total				

Evaluación

Analysis of Reading Behaviors

Name: _____

Record the date under the appropriate observation and next steps you recommend.

**PM Levels 1–2
Emergent Reading**

Reading Skills	Observed Achievement of Skill	Observed Difficulty with Skill	Recommended Next Steps
Understands that writers use letter symbols to construct meaning			
Realizes that print carries a message			
Uses picture cues to comprehend text			
Demonstrates directionality (left/right)			
Demonstrates directionality (top/bottom)			
Matches spoken word to print			
Identifies some sounds			
Identifies uppercase and lowercase letter names			
Understand words are separated by spaces			
Understands that words are made up of letters that correspond to sounds			
Recognizes own name			
Recognizes and reads common environmental print			
Retells stories			
Reads simple one-syllable and high-frequency words			
Recognizes parts of a book (cover, title, title page)			

Comprehension Check

Name:

Questions to check for understanding *(check if understanding acceptable)*

1. ¿Adónde fueron el niño y su mamá a ver animales? *(literal)*

   Response: (al zoológico)

2. ¿Qué animales vieron? *(literal)*

   Response: (elefantes, osos, cebras, monos)

3. ¿Qué animal crees que le gustó más al niño? *(inferential)*

   Response: (Response should reflect interpretation and higher-level thinking.)

Comprehension Assessment Checklist

Record the date under the appropriate observation and next steps you recommend.

Comprehension Strategy	Observed Achievement	Observed Difficulty	Recommended Next Steps
Uses prior knowledge and experience			
Identifies main idea or theme			
Compares and contrasts information			
Summarizes information			
Considers purpose for reading			
Asks questions to clarify meaning			
Connects ideas			
Text-to-text			
Text-to-self			
Text-to-world			
Visualizes information			
Uses fix-up strategies to monitor comprehension			
Makes and confirms predictions			
Draws inferences			

Teacher: _____ **Date benchmark assessment completed:** _____

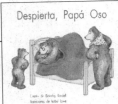

Despierta, Papá Oso

Retelling Response Sheet

Name: _____

1	2	3	4	5	6	7	8

Hard = 1–4   Instructional = 5–6   Easy = 7–8

	0 **Inaccurate**	**1** **Partial**	**2** **Full Detail**	**Check if prompted by teacher**
Main Character(s)	Inaccurate **or** no response	**1** or **2** of the following: Papá Oso, Mamá Osa, Osito Marcos	Papá Oso, Mamá Osa **y** Osito Marcos	
Setting	Inaccurate **or** no response	La casa de los osos	El cuarto de Papá Oso	
Events	Inaccurate **or** no response	Osito Marcos y Mamá Osa tratan de despertar a Papá Oso.	• Osito Marcos y Mamá Osa se despiertan. • Papá Oso sigue dormido en la cama. • Osito Marcos y Mamá Osa le dicen a Papá Osa que se despierte. • Osito Marcos y Mamá Osa miran a Papá Oso, y Osito Marcos salta a la cama y le quita las cobijas. • Papá Oso se levanta. Se estaba haciendo el dormido en broma.	
Sequence	Gives *no* events **or** provides *some* events inaccurately sequenced	Identifies *some* events of the story in order	Relates *most* **or** *all* of the events in the correct order	

Reading level

Running Words 62

Accuracy level: $\dfrac{62 -}{62}$ = _____ %

Self-correction rate: _____ = _____ = 1: _____

%	98	97	95	93	92	90	88	87	85	84	82	80	79	77	75
Errors	1	2	3	4	5	6	7	8	9	10	11	12	13	14	15

Reading level (*with understanding*): Easy / Instructional / Hard

Reading Record

Name: _____   **Age:** _____   **Date:** _____

Text: **Despierta, Papá Oso** _____   **Level:** __3__   **R. W:** __62__

  Accuracy: _____   **S.C. Rate:** _____

Page	Éste es un cuento sobre una familia de osos: Papá Oso, Mamá Osa y Osito Marcos.	E	S.C.	Errors MSV	Self corrections MSV
2	Aquí está Osito Marcos.				
	Aquí está Mamá Osa.				
3	Aquí está Papá Oso.				
4	Osito Marcos está despierto.				
	Mamá Osa está despierta.				
6	Papá Oso está durmiendo.				
8	Osito Marcos dijo:				
	—Despierta, Papá Oso.				
10	Mamá Osa dijo:				
	—Despierta, Papá Oso.				
12	—Mira a Papá Oso				
	—dijo Mamá Osa.				
	—Mira a Papá Oso				
	—dijo Osito Marcos.				
14	—¡Mírame! —dijo Osito Marcos—.				
	Despierta, Papá Oso.				
16	—¡Estoy despierto! —dijo Papá Oso.				
	Total				

Rigby PM Evaluación

Analysis of Reading Behaviors

Name: _____

Record the date under the appropriate observation and next steps you recommend.

**PM Levels 3–14
Early Reading**

Reading Skills	Observed Achievement of Skill	Observed Difficulty with Skill	Recommended Next Steps
Recalls facts from nonfiction text			
Uses prior knowledge to help construct meaning			
Uses decoding skills			
Shares feelings about text			
Relies more on word cues than on picture cues			
Self-monitors by asking questions: Does it make sense? Sound right? Look right?			
Responds creatively to content in books			
Makes some text-to-self connections			
Notices miscues and works at correcting them			
Uses context to confirm predictions			
Rereads to check meaning			
Retells longer stories in sequence with some detail			
Reads independently for pleasure			
Recognizes and reads an extended core of high-frequency words			
Writes a core of high-frequency words correctly			
Uses contents page and index to locate information			

Comprehension Check

Name: _____

Questions to check for understanding *(check if understanding acceptable)*

1. ¿Qué le dijo Osito Marcos a Papá Oso? *(literal)*

Response: (—Despierta, Papá Oso.) ☐

2. ¿Qué hizo Osito Marcos para despertar a Papá Oso? *(literal)*

Response: (Subió a la cama y le quitó la cobija.) ☐

3. ¿Por qué crees que Papá Oso se estaba haciendo el dormido? *(inferential)*

Response: (Response should reflect interpretation and higher-level thinking.) ☐

Comprehension Assessment Checklist

Record the date under the appropriate observation and next steps you recommend.

Comprehension Strategy	Observed Achievement	Observed Difficulty	Recommended Next Steps
Uses prior knowledge and experience			
Identifies main idea or theme			
Compares and contrasts information			
Summarizes information			
Considers purpose for reading			
Asks questions to clarify meaning			
Connects ideas			
Text-to-text			
Text-to-self			
Text-to-world			
Visualizes information			
Uses fix-up strategies to monitor comprehension			
Makes and confirms predictions			
Draws inferences			

Teacher: _____ **Date benchmark assessment completed:** _____

Gatito tiene hambre

Assessment Record
Nivel 4: *Gatito tiene hambre*

Retelling Response Sheet

Name: _____

1   2   3   4   5   6   7   8   9   10
Hard = 1–6   Instructional = 7–8   Easy = 9–10

	0 **Inaccurate**	**1** **Partial**	**2** **Full Detail**	**Check if prompted by teacher**
Main Character(s)	Inaccurate **or** no response	**1 or 2** of the following: Gatito, la lagartija, el pájaro	Gatito, la lagartija **y** el pájaro	
Setting	Inaccurate **or** no response	Afuera	Afuera al lado de una piedra **o** afuera al lado de un árbol	
Problem	Inaccurate **or** no response	• Gatito tiene hambre. **o** • Gatito no tiene comida.	• Gatito tiene hambre y no tiene comida en el plato. • Gatito trata de atrapar una lagartija y un pájaro pero se van.	
Solution	Inaccurate **or** no response	• Gatito come al final del cuento. **o** • Gatito tiene comida.	A Gatito le dan comida y come.	
Sequence	Gives *no* events **or** provides *some* events inaccurately sequenced	Identifies *some* events in the correct order	Relates *most* **or** *all* of the events in the correct order	

Reading level

Running Words 68

Accuracy level: $\frac{68 - }{68}$ = _____ %

Self-correction rate: _____ = _____ = 1: _____

%	99	97	96	94	93	91	90	88	87	85	84	82	81	79	77
Errors	1	2	3	4	5	6	7	8	9	10	11	12	13	14	15

Reading level *(with understanding)*: **Easy / Instructional / Hard**

Reading Record

Name: _____ **Age:** _____ **Date:** _____

Text: **Gatito tiene hambre** _____ **Level:** _4___ **R. W:** _68___

Accuracy: _____ **S.C. Rate:** _____

Page	Éste es un cuento sobre Gatito. Vamos a ver cómo busca comida.	E	S.C.	Errors MSV	Self corrections MSV
3	Aquí viene Gatito. Gatito tiene hambre. —¡Miau! ¡Miau! ¡Miau!				
5	Gatito ve una lagartija. La lagartija está durmiendo al sol.				
7	Aquí viene Gatito. La lagartija despierta.				
9	Mira la lagartija.				
11	Gatito ve un pájaro. El pájaro no ve a Gatito.				
13	Aquí viene Gatito. El pájaro ve a Gatito.				
15	El pájaro vuela a un árbol grande. Gatito mira al pájaro arriba. Gatito tiene hambre. —¡Miau! ¡Miau! ¡Miau!				
16	—Ven a comer, Gatito.				
	Total				

Analysis of Reading Behaviors

Name: _____

Record the date under the appropriate observation and next steps you recommend.

**PM Levels 3–14
Early Reading**

Reading Skills	Observed Achievement of Skill	Observed Difficulty with Skill	Recommended Next Steps
Recalls facts from nonfiction text			
Uses prior knowledge to help construct meaning			
Uses decoding skills			
Shares feelings about text			
Relies more on word cues than on picture cues			
Self-monitors by asking questions: Does it make sense? Sound right? Look right?			
Responds creatively to content in books			
Makes some text-to-self connections			
Notices miscues and works at correcting them			
Uses context to confirm predictions			
Rereads to check meaning			
Retells longer stories in sequence with some detail			
Reads independently for pleasure			
Recognizes and reads an extended core of high-frequency words			
Writes a core of high-frequency words correctly			
Uses contents page and index to locate information			

Evaluación

Comprehension Check

Name: _____

Questions to check for understanding *(check if understanding acceptable)*

1. ¿Qué quería cazar Gatito? *(literal)*

   Response: (una lagartija, un pájaro) ☐

2. ¿Qué hizo el pájaro cuando vio a Gatito? *(literal)*

   Response: (Voló a un árbol grande.) ☐

3. ¿Cómo sabes que Gatito tenía hambre? *(inferential)*

   Response: (Response should reflect interpretation and higher-level thinking.) ☐

Comprehension Strategies Checklist

Record the date under the appropriate observation and next steps you recommend.

Comprehension Strategy	Observed Achievement	Observed Difficulty	Recommended Next Steps
Uses prior knowledge and experience			
Identifies main idea or theme			
Compares and contrasts information			
Summarizes information			
Considers purpose for reading			
Asks questions to clarify meaning			
Connects ideas			
Text-to-text			
Text-to-self			
Text-to-world			
Visualizes information			
Uses fix-up strategies to monitor comprehension			
Makes and confirms predictions			
Draws inferences			

Teacher: _____   **Date benchmark assessment completed:** ____

David y Osito

Assessment Record
Nivel 5: *David y Osito*

Retelling Response Sheet

Name: _____

1   2   3   4   5   6   7   8   9   10
Hard = 1–6   Instructional = 7–8   Easy = 9–10

	0 Inaccurate	1 Partial	2 Full Detail	Check if prompted by teacher
Main Character(s)	Inaccurate **or** no response	Mamá **o** David	Mamá **y** David	
Setting	Inaccurate **or** no response	La casa de Mamá y David	El cuarto de David	
Problem	Inaccurate **or** no response	• David no encuentra a Osito. **o** • David no se puede ir a la cama.	• David no encuentra a Osito y no puede dormir sin él. • David y Mamá buscan a Osito en la cama, debajo de la ropa, en el cajón y en la caja de juguetes, pero no lo encuentran.	
Solution	Inaccurate **or** no response	• David encuentra a Osito. **o** • David se acuesta a dormir.	• David y Mamá encuentran a Osito debajo de la cama. • David se acuesta con Osito.	
Sequence	Gives *no* events **or** provides *some* events inaccurately sequenced	Identifies *some* events in the correct order	Relates *most* **or** *all* of the events in the correct order	

Reading level

Running Words 66

Accuracy level: $\frac{66 - }{66}$ = _____ %

Self-correction rate: _____ = _____ = 1:

%	98	97	95	94	92	91	89	88	86	85	83	81	80	79	77
Errors	1	2	3	4	5	6	7	8	9	10	11	12	13	14	15

Reading level *(with understanding):* **Easy / Instructional / Hard**

Reading Record

Name: _____	Age: _____	Date: _____
Text: **David y Osito**	Level: **5**	R. W: **66**
	Accuracy: _____	S.C. Rate: _____

Page	Éste es un cuento sobre David y Mamá a la hora de acostarse.	E	S.C.	Errors MSV	Self corrections MSV
2	Mamá dijo: —A dormir ya, David.				
4	—No puedo ir a la cama —dijo David—. Osito no está en la cama. ¿Dónde está?				
6	David buscó y buscó a Osito. Mamá también buscó y buscó a Osito.				
8	—¿Dónde está Osito? —dijo David—. ¿Dónde está? —Aquí no está —dijo Mamá.				
10	David y Mamá buscaron en la caja.				
12	—Osito no está en la caja —dijo David—. ¡Mira, Mamá! ¡Aquí está!				
	Total				

Evaluación

Analysis of Reading Behaviors

Name: _____

Record the date under the appropriate observation and next steps you recommend.

PM Levels 3–14 Early Reading

Reading Skills	Observed Achievement of Skill	Observed Difficulty with Skill	Recommended Next Steps
Recalls facts from nonfiction text			
Uses prior knowledge to help construct meaning			
Uses decoding skills			
Shares feelings about text			
Relies more on word cues than on picture cues			
Self-monitors by asking questions: Does it make sense? Sound right? Look right?			
Responds creatively to content in books			
Makes some text-to-self connections			
Notices miscues and works at correcting them			
Uses context to confirm predictions			
Rereads to check meaning			
Retells longer stories in sequence with some detail			
Reads independently for pleasure			
Recognizes and reads an extended core of high-frequency words			
Writes a core of high-frequency words correctly			
Uses contents page and index to locate information			

Evaluación

Comprehension Check

Name: _____

Questions to check for understanding *(check if understanding acceptable)*

1. ¿En dónde buscaron David y Mamá a Osito? *(literal)*

   Response: (en la cama, en la silla, en el cajón, en la caja)   ☐

2. ¿En dónde encontraron a Osito? *(literal)*

   Response: (debajo de la cama)   ☐

3. ¿Qué podía pasar si no encontraban a Osito? *(inferential)*

   Response: (Response should reflect interpretation and higher-level thinking.)   ☐

Comprehension Strategies Checklist

Record the date under the appropriate observation and next steps you recommend.

Comprehension Strategy	Observed Achievement	Observed Difficulty	Recommended Next Steps
Uses prior knowledge and experience			
Identifies main idea or theme			
Compares and contrasts information			
Summarizes information			
Considers purpose for reading			
Asks questions to clarify meaning			
Connects ideas			
Text-to-text			
Text-to-self			
Text-to-world			
Visualizes information			
Uses fix-up strategies to monitor comprehension			
Makes and confirms predictions			
Draws inferences			

Teacher: _____   **Date benchmark assessment completed:** _____

Assessment Record
Nivel 6: *El carrusel*

Retelling Response Sheet

Name: _____

1	2	3	4	5	6	7	8	9	10

Hard = 1–6   Instructional = 7–8   Easy = 9–10

	0 **Inaccurate**	**1** **Partial**	**2** **Full Detail**	**Check if prompted by teacher**
Main Character(s)	Inaccurate **or** no response	**1 or 2** of the following: Mamá, Luisa, Julio/los niños	Mamá, Luisa y Julio	
Setting	Inaccurate **or** no response	Un carrusel **o** afuera	Un parque de diversiones	
Problem	Inaccurate **or** no response	• Julio y Luisa no pueden montar en el carrusel. **o** • Julio no puede montarse en el pato y Luisa no puede montarse en el caballo.	• Julio y Luisa quieren montar en el carrusel pero no pueden. • El pato que quiere Julio está ocupado. • El caballo que quiere Luisa está ocupado.	
Solution	Inaccurate **or** no response	• Julio y Luisa montan en el carrusel al final. **o** • Julio y Luisa encuentran otro lugar en el carrusel.	Julio encuentra un carro en que pueden montar los dos.	
Sequence	Gives *no* events **or** provides *some* events inaccurately sequenced	Identifies *some* events in the correct order	Relates *most* **or** *all* of the events in the correct order	

Reading level

Running Words 79

Accuracy level: $\dfrac{79 -}{79}$ _____ = _____ %

Self-correction rate: _____ = _____ = 1:

%	99	97	96	95	93	92	91	89	88	87	86	85	83	82	81
Errors	1	2	3	4	5	6	7	8	9	10	11	12	13	14	15

Reading level *(with understanding)*: Easy / Instructional / Hard

Reading Record

Name: _____

Text: **El carrusel** _____

Age: _____ Date: _____

Level: __6__ R. W: __79__

Accuracy: _____ S.C. Rate: _____

Page	Éste es un cuento sobre un carrusel, y Julio, Luisa y Mamá.	E	S.C.	Errors MSV	Self corrections MSV
3	—Mira, Julio —dijo Luisa—. Mira un carrusel.				
5	—¡Un carrusel! —dijo Julio—. Me gusta el pato. —Me voy a montar en el caballo —dijo Luisa.				
7	Mamá dijo: —Pueden montar en el carrusel. Yo me quedo aquí. —Vamos, Julio —dijo Luisa.				
9	—¡Oh, no! —dijo Julio—. No me puedo montar en el pato. —Y yo no me puedo montar en el caballo —dijo Luisa.				
11	—Mira —dijo Julio—. ¡Hay un carro!				
13	—Te puedes montar en el carro —dijo Luisa—. Yo me quedo aquí.				
15	—Ven, Luisa —dijo Julio—. El carro es grande. Tú también te puedes montar.				
	El estudiante termina de leer el libro.	**Total**			

Rigby PM Evaluación

Analysis of Reading Behaviors

Name: _____

Record the date under the appropriate observation and next steps you recommend.

PM Levels 3–14 Early Reading

Reading Skills	Observed Achievement of Skill	Observed Difficulty with Skill	Recommended Next Steps
Recalls facts from nonfiction text			
Uses prior knowledge to help construct meaning			
Uses decoding skills			
Shares feelings about text			
Relies more on word cues than on picture cues			
Self-monitors by asking questions: Does it make sense? Sound right? Look right?			
Responds creatively to content in books			
Makes some text-to-self connections			
Notices miscues and works at correcting them			
Uses context to confirm predictions			
Rereads to check meaning			
Retells longer stories in sequence with some detail			
Reads independently for pleasure			
Recognizes and reads an extended core of high-frequency words			
Writes a core of high-frequency words correctly			
Uses contents page and index to locate information			

Comprehension Check

Name: _____

Questions to check for understanding *(check if understanding acceptable)*

1. ¿En qué quería montar Julio? *(literal)*

   Response: *(en el pato, en el carro)* ☐

2. ¿Por qué Luisa no podía montar en el caballo? *(literal)*

   Response: *(Otro niño iba a montar.)* ☐

3. ¿Por qué crees que Luisa le dijo a Julio:

   —Te puedes montar en el carro. Yo me quedo aquí? *(inferential)*

   Response: *(Response should reflect interpretation and higher-level thinking.)* ☐

Comprehension Assessment Checklist

Record the date under the appropriate observation and next steps you recommend.

Comprehension Strategy	Observed Achievement	Observed Difficulty	Recommended Next Steps
Uses prior knowledge and experience			
Identifies main idea or theme			
Compares and contrasts information			
Summarizes information			
Considers purpose for reading			
Asks questions to clarify meaning			
Connects ideas			
Text-to-text			
Text-to-self			
Text-to-world			
Visualizes information			
Uses fix-up strategies to monitor comprehension			
Makes and confirms predictions			
Draws inferences			

Teacher: _____   **Date benchmark assessment completed:** _____

Name: _____

	1	2	3		4	5	6	7		8	9	10

Hard = 1–6   Instructional = 7–8   Easy = 9–10

	0 **Inaccurate**	**1** **Partial**	**2** **Full Detail**	**Check if prompted by teacher**
Main Character(s)	Inaccurate **or** no response	**1 or 2** of the following: Osito Marcos, Mamá Osa, Papá Oso	Osito Marcos, Mamá Osa **y** Papá Oso	
Setting	Inaccurate **or** no response	Afuera	Afuera en el río	
Problem	Inaccurate **or** no response	• Los osos fueron a pescar y todos pescaron menos Osito Marcos. **o** • Cuando Osito Marcos fue a sacar un pez grande del agua, el pez lo arrastró al río y se lo llevó.	• Los osos fueron a pescar y todos pescaron menos Osito Marcos. • Cuando Osito Marcos fue a sacar un pez grande del agua, el pez lo arrastró al río y se lo llevó.	
Solution	Inaccurate **or** no response	• Osito Marcos pidió ayuda y Papá Oso lo salvó. **o** • Osito Marcos pescó el pescado grande.	• Osito Marcos pidió ayuda y Papá Oso lo salvó. • Osito Marcos pescó el pescado grande.	
Sequence	Gives no events **or** provides *some* events inaccurately sequenced	Identifies *some* events in the correct order	Relates *most* **or** *all* of the events in the correct order	

Reading level

Running Words 90

Accuracy level: $\dfrac{90 - }{90}$ = _____ %

Self-correction rate: _____ = _____ = 1: _____

%	98	97	96	95	94	93	92	91	90	88	87	86	85	84	83
Errors	1	2	3	4	5	6	7	8	9	10	11	12	13	14	15

Reading level (*with understanding*): Easy / Instructional / Hard

Reading Record

Name: _____

Text: __**Osito Marcos y el pescado grande**__

Age: _____ Date: _____

Level: __7__ R. W: __90__

Accuracy: _____ S.C. Rate: _____

Page	Éste es un cuento sobre una familia de osos: Papá Oso, Mamá Osa y Osito Marcos.	E	S.C.	Errors MSV	Self corrections MSV
3	A los osos les gusta				
	ir a pescar en el río.				
	—Hay muchos peces hoy				
	—dijo Osito Marcos—.				
	Aquí vienen.				
5	Mamá Osa				
	entró al río				
	y pescó unos peces.				
	Papá Oso también pescó unos peces.				
	—Nosotros sabemos pescar muy bien.				
	—dijo Papá Oso.				
7	—Yo no tengo ni un pez				
	—dijo Osito Marcos.				
9	—Ahí veo un pez grande				
	—dijo Papá Oso.				
	—¡Ese pez es para mí!				
	—gritó Osito Marcos.				
11	Osito Marcos pescó el pez grande				
	con la red.				
	El pez se fue.				
	¡Osito Marcos y el pez				
	se fueron río arriba!				
El estudiante termina de leer el libro.	**Total**				

Reading Record © Harcourt Achieve Inc., 2004.

Nivel 7: *Osito Marcos y el pescado grande*

Analysis of Reading Behaviors

Name: _____

Record the date under the appropriate observation and next steps you recommend.

**PM Levels 3–14
Early Reading**

Reading Skills	Observed Achievement of Skill	Observed Difficulty with Skill	Recommended Next Steps
Recalls facts from nonfiction text			
Uses prior knowledge to help construct meaning			
Uses decoding skills			
Shares feelings about text			
Relies more on word cues than on picture cues			
Self-monitors by asking questions: Does it make sense? Sound right? Look right?			
Responds creatively to content in books			
Makes some text-to-self connections			
Notices miscues and works at correcting them			
Uses context to confirm predictions			
Rereads to check meaning			
Retells longer stories in sequence with some detail			
Reads independently for pleasure			
Recognizes and reads an extended core of high-frequency words			
Writes a core of high-frequency words correctly			
Uses contents page and index to locate information			

Comprehension Check

Name: _____

Questions to check for understanding *(check if understanding acceptable)*

1. ¿Adónde fueron a pescar los osos? *(literal)*

   Response: (al río) ☐

2. ¿Quién salvó a Osito Marcos? *(literal)*

   Response: (Papá Oso) ☐

3. ¿Por qué crees que Osito Marcos gritó: —¡Ayúdenme!? *(inferential)*

   Response: (Response should reflect interpretation and higher-level thinking.) ☐

Comprehension Assessment Checklist

Record the date under the appropriate observation and next steps you recommend.

Comprehension Strategy	Observed Achievement	Observed Difficulty	Recommended Next Steps
Uses prior knowledge and experience			
Identifies main idea or theme			
Compares and contrasts information			
Summarizes information			
Considers purpose for reading			
Asks questions to clarify meaning			
Connects ideas			
Text-to-text			
Text-to-self			
Text-to-world			
Visualizes information			
Uses fix-up strategies to monitor comprehension			
Makes and confirms predictions			
Draws inferences			

Teacher: _____   **Date benchmark assessment completed:** _____

Assessment Record
Nivel 8: *Mi hermana mayor*

Retelling Response Sheet

Name: _____

1	2	3	4	5	6	7	8

Hard = 1–4   Instructional = 5–6   Easy = 7–8

	0 **Inaccurate**	**1** **Partial**	**2** **Full Detail**	**Check if prompted by teacher**
Main Character(s)	Inaccurate **or** no response	Las niñas	Dos hermanas	
Setting	Inaccurate **or** no response	**1 or 2** of the following: en el patio, en la casa, en el parque, en la escuela	**3 or 4** of the following: en el patio, en la casa, en el parque, en la escuela	
Events	Inaccurate **or** no response	• Las hermanas juegan con la pelota. • Las hermanas leen juntas. • Toda la familia va al parque. • Las hermanas van a la escuela juntas.	• Las hermanas juegan con la pelota roja cerca de los árboles y corren a quitarse la pelota. • Cuando llueve, la hermana mayor le lee a la hermana menor o la ayuda a leer. • Toda la familia va al parque y las hermanas se resbalan por el tobogán. • Las hermanas van a la escuela, se sientan juntas y caminan a casa.	
Sequence	Gives *no* events **or** provides *some* events inaccurately sequenced	Identifies *some* events in the correct order	Relates *most* **or** *all* of the events in the correct order	

Reading level

Running Words 96

Accuracy level: $\dfrac{96 - \quad}{96}$ = _____ %

Self-correction rate: _____ = _____ = 1: _____

%	99	98	97	96	95	94	93	92	91	90	89	88	87	86	85
Errors	1	2	3	4	5	6	7	8	9	10	11	12	13	14	15

Reading level *(with understanding)*: **Easy / Instructional / Hard**

Rigby PM Evaluación

Reading Record

Name: _____ Age: _____ Date: _____

Text: **Mi hermana mayor** Level: **8** R. W: **96**

Accuracy: _____ S.C. Rate: _____

Page	Éste es un cuento sobre una niña y su hermana mayor.	E	S.C.	Errors MSV	Self corrections MSV
2	A mí me gusta mi hermana.				
	Ella tiene 9 años y yo tengo 6.				
	Ella es grande y yo soy chiquita.				
4	Nos gusta jugar en la casa.				
	Mi hermana busca la pelota roja				
	y nos ponemos a jugar cerca de los árboles.				
6	Yo atrapo la pelota y corro.				
	Mi hermana corre detrás de mí				
	y se lleva la pelota.				
8	Cuando está lloviendo,				
	nos quedamos adentro.				
	Leemos libros.				
	Mi hermana lee muy bien. Ella me lee libros.				
10	Yo también aprendo a leer.				
	Mi hermana mayor me ayuda.				
12	Vamos al parque con Mamá y Papá.				
	Corremos hasta el tobogán grande.				
El estudiante termina de leer el libro.	**Total**				

Nivel 8: *Mi hermana mayor*

Analysis of Reading Behaviors

Name: _____

Record the date under the appropriate observation and next steps you recommend.

> **PM Levels 3–14**
> **Early Reading**

Reading Skills	Observed Achievement of Skill	Observed Difficulty with Skill	Recommended Next Steps
Recalls facts from nonfiction text			
Uses prior knowledge to help construct meaning			
Uses decoding skills			
Shares feelings about text			
Relies more on word cues than on picture cues			
Self-monitors by asking questions: Does it make sense? Sound right? Look right?			
Responds creatively to content in books			
Makes some text-to-self connections			
Notices miscues and works at correcting them			
Uses context to confirm predictions			
Rereads to check meaning			
Retells longer stories in sequence with some detail			
Reads independently for pleasure			
Recognizes and reads an extended core of high-frequency words			
Writes a core of high-frequency words correctly			
Uses contents page and index to locate information			

Nivel 8: *Mi hermana mayor*

Comprehension Check

Name: _____

Questions to check for understanding *(check if understanding acceptable)*

1. ¿Cuántos años tiene la hermana mayor? *(literal)*

   Response: (nueve)   ☐

2. ¿En qué jugaron las niñas en el parque? *(literal)*

   Response: en el tobogán   ☐

3. ¿Por qué crees que la hermana mayor cuida a su hermanita? *(inferential)*

   Response: (Response should reflect interpretation and higher-level thinking.)   ☐

Comprehension Assessment Checklist

Record the date under the appropriate observation and next steps you recommend.

Comprehension Strategy	Observed Achievement	Observed Difficulty	Recommended Next Steps
Uses prior knowledge and experience			
Identifies main idea or theme			
Compares and contrasts information			
Summarizes information			
Considers purpose for reading			
Asks questions to clarify meaning			
Connects ideas			
Text-to-text			
Text-to-self			
Text-to-world			
Visualizes information			
Uses fix-up strategies to monitor comprehension			
Makes and confirms predictions			
Draws inferences			

Teacher: _____   **Date benchmark assessment completed:** _____

Assessment Record

Nivel 9: *El listo Dinosaurio Chiquito*

Retelling Response Sheet

Name: _____

| 1 | 2 | 3 | 4 | 5 | 6 | 7 | 8 | 9 | 10 |

Hard = 1–6   Instructional = 7–8   Easy = 9–10

	0 **Inaccurate**	1 **Partial**	2 **Full Detail**	Check if prompted by teacher
Main Character(s)	Inaccurate **or** no response	Los dinosaurios **o** Dinosaurio Chiquito **o** Dinosaurio Grande	Dinosaurio Chiquito **y** Dinosaurio Grande	
Setting	Inaccurate **or** no response	Afuera **o** en el bosque **o** cerca del río	Afuera en el bosque **y** cerca del río	
Problem	Inaccurate **or** no response	• Dinosaurio Chiquito despierta a Dinosaurio Grande. • Dinosaurio Grande persigue a Dinosaurio Chiquito.	• Dinosaurio Chiquito sale de su hoyo, camina al río y persigue a un insecto verde. • Pisa la cola de Dinosaurio Grande por accidente y lo despierta. • Dinosaurio Grande persigue a Dinosaurio Chiquito al bosque.	
Solution	Inaccurate **or** no response	Dinosaurio Grande no cabe entre los árboles y Dinosaurio Chiquito se va.	• Dinosaurio Grande no puede correr rápido en el bosque porque los árboles no lo dejan pasar. • Dinosaurio Grande se va y Dinosaurio Chiquito regresa a su hoyo.	
Sequence	Gives *no* events **or** provides *some* events inaccurately sequenced	Identifies *some* events in the correct order	Relates *most* **or** *all* of the events in the correct	

Reading level

Running Words 95

Accuracy level: $\dfrac{95 -}{95}$ = _____ %

Self-correction rate: _____ = _____ = 1:

%	99	98	97	96	95	94	93	92	91	90	89	88	87	86	85
Errors	1	2	3	4	5	6	7	8	9	10	11	12	13	14	15

Reading level *(with understanding)*: **Easy / Instructional / Hard**

Reading Record

Name:	Age:	Date:
Text: **El listo Dinosaurio Chiquito**	Level: **9**	R. W: **95**
	Accuracy:	S.C. Rate:

Page	Éste es un cuento sobre lo que pasa un día que Dinosaurio Chiquito despierta a Dinosaurio Grande.	E	S.C.	Errors MSV	Self corrections MSV
3	Dinosaurio Chiquito salió de su hoyo. —Hoy no veo a Dinosaurio Grande —dijo—. Voy a caminar. Voy a bajar al río.				
5	A Dinosaurio Chiquito le gustaba ir al río a comer insectos. Un insecto verde salió del bosque. Dinosaurio Chiquito lo siguió. Saltó y saltó para atraparlo.				
6	Dinosaurio Chiquito cayó sobre la cola de Dinosaurio Grande. ¡Oh, no! ¡Dinosaurio Grande despertó!				
8	Dinosaurio Grande se levantó y corrió detrás de Dinosaurio Chiquito.				
9	—**¡Socorro!** —gritó Dinosaurio Chiquito.				
11	Dinosaurio Chiquito tenía que escapar. Corrió hacia el bosque. —Dinosaurio Grande no puede correr tan rápido en el bosque —dijo.				
	El estudiante termina de leer el libro. **Total**				

Analysis of Reading Behaviors

Name: _____

Record the date under the appropriate observation and next steps you recommend.

**PM Levels 3–14
Early Reading**

Reading Skills	Observed Achievement of Skill	Observed Difficulty with Skill	Recommended Next Steps
Recalls facts from nonfiction text			
Uses prior knowledge to help construct meaning			
Uses decoding skills			
Shares feelings about text			
Relies more on word cues than on picture cues			
Self-monitors by asking questions: Does it make sense? Sound right? Look right?			
Responds creatively to content in books			
Makes some text-to-self connections			
Notices miscues and works at correcting them			
Uses context to confirm predictions			
Rereads to check meaning			
Retells longer stories in sequence with some detail			
Reads independently for pleasure			
Recognizes and reads an extended core of high-frequency words			
Writes a core of high-frequency words correctly			
Uses contents page and index to locate information			

Comprehension Check

Name: _____

Questions to check for understanding *(check if understanding acceptable)*

1. ¿Qué quería comer Dinosaurio Chiquito? *(literal)*

   Response: (insectos)   ☐

2. ¿Por qué Dinosaurio Grande no pudo correr en el bosque? *(literal)*

   Response: (Los árboles no lo dejaban pasar.)   ☐

3. ¿Por qué crees que Dinosaurio Chiquito cayó sobre Dinosaurio Grande? *(inferential)*

   Response: (Response should reflect interpretation and higher-level thinking.)   ☐

Comprehension Strategies Checklist

Record the date under the appropriate observation and next steps you recommend.

Comprehension Strategy	Observed Achievement	Observed Difficulty	Recommended Next Steps
Uses prior knowledge and experience			
Identifies main idea or theme			
Compares and contrasts information			
Summarizes information			
Considers purpose for reading			
Asks questions to clarify meaning			
Connects ideas			
Text-to-text			
Text-to-self			
Text-to-world			
Visualizes information			
Uses fix-up strategies to monitor comprehension			
Makes and confirms predictions			
Draws inferences			

Teacher: _____   **Date benchmark assessment completed:** _____

Assessment Record

Nivel 10: *Perdida en el centro comercial*

Retelling Response Sheet

Name: _____

1 2 3 4 5 6 7 8 9 10
Hard = 1–6   Instructional = 7–8   Easy = 9–10

	0 Inaccurate	1 Partial	2 Full Detail	Check if prompted by teacher
Main Character(s)	Inaccurate or no response	**1 or 2** of the following: Juan, Mari, Papá	Juan, Mari **y** Papá	
Setting	Inaccurate or no response	El centro comercial	El centro comercial cerca del carrusel	
Problem	Inaccurate or no response	Mari se pierde en el centro comercial y Papá y Juan no la encuentran.	• Papá entra a una tienda, y Mari y Juan se quedan afuera. • Juan se pone a hablar con un amigo y Mari va a saludar a una amiga en el carrusel. • Papá regresa y no ve a Mari ni a Juan. • Mari regresa a la tienda pero no ve a Juan ni a Papá.	
Solution	Inaccurate or no response	Papá y Juan encuentran a Mari.	• Cuando Mari está buscando a Juan y a Papá fuera de la tienda, ellos regresan y la encuentran. • Todos se quedan juntos.	
Sequence	Gives *no* events **or** provides *some* events inaccurately sequenced	Identifies *some* events in the correct order	Relates *most* **or** *all* of the events in the correct order	

Reading level

Running Words 94

Accuracy level: $\dfrac{94 -}{94}$ = _____ %

Self-correction rate: _____ = _____ = 1: _____

%	99	98	97	96	95	94	93	92	91	90	89	88	87	86	85
Errors	1	2	3	4	5	6	7	8	9	10	11	12	13	14	15

Reading level *(with understanding):* **Easy / Instructional / Hard**

Rigby PM Evaluación

Reading Record

Name:	Age:	Date:

Text: Perdida en el centro comercial   Level: **10**   R. W: **94**

Accuracy: _____   S.C. Rate: _____

Page	Éste es un cuento sobre un día que Juan, Mari y Papá fueron a un centro comercial.	E	S.C.	Errors MSV	Self corrections MSV
3	Juan, Mari y Papá fueron al centro comercial. Vieron muchos niños. Papá dijo: —Ahora tenemos que entrar a esta tienda grande.				
5	—Ay, Papá —dijo Mari—. ¿Puedo quedarme aquí? Encontré un trencito en la ventana. —Yo me quedaré con Mari —dijo Juan—. La voy a cuidar. —Mari, quédate aquí con Juan —dijo Papá.				
7	Papá entró a la tienda solo. Juan vio a un amigo. —Hola —dijo Juan. Mari vio a una amiga cerca de un carrusel pequeño. Corrió a saludarla.				
9	Papá salió de la tienda con las compras. —¿Dónde está Mari? —le preguntó a Juan.				
El estudiante termina de leer el libro.	**Total**				

Analysis of Reading Behaviors

Name: _____

Record the date under the appropriate observation and next steps you recommend.

**PM Levels 3–14
Early Reading**

Reading Skills	Observed Achievement of Skill	Observed Difficulty with Skill	Recommended Next Steps
Recalls facts from nonfiction text			
Uses prior knowledge to help construct meaning			
Uses decoding skills			
Shares feelings about text			
Relies more on word cues than on picture cues			
Self-monitors by asking questions: Does it make sense? Sound right? Look right?			
Responds creatively to content in books			
Makes some text-to-self connections			
Notices miscues and works at correcting them			
Uses context to confirm predictions			
Rereads to check meaning			
Retells longer stories in sequence with some detail			
Reads independently for pleasure			
Recognizes and reads an extended core of high-frequency words			
Writes a core of high-frequency words correctly			
Uses contents page and index to locate information			

Comprehension Check

Name: _____

Questions to check for understanding *(check if understanding acceptable)*

1. ¿Por qué Mari no quiso entrar a la tienda con Papá? *(literal)*

   Response: (Quería ver el trencito.) ☐

2. ¿Por qué Mari se fue? *(literal)*

   Response: (Vio una amiga y fue a saludarla.) ☐

3. ¿Qué crees que harán Papá y Juan? *(inferential)*

   Response: (Response should reflect interpretation and higher-level thinking.) ☐

Comprehension Strategies Checklist

Record the date under the appropriate observation and next steps you recommend.

Comprehension Strategy	Observed Achievement	Observed Difficulty	Recommended Next Steps
Uses prior knowledge and experience			
Identifies main idea or theme			
Compares and contrasts information			
Summarizes information			
Considers purpose for reading			
Asks questions to clarify meaning			
Connects ideas			
Text-to-text			
Text-to-self			
Text-to-world			
Visualizes information			
Uses fix-up strategies to monitor comprehension			
Makes and confirms predictions			
Draws inferences			

Teacher: _____   **Date benchmark assessment completed:** _____

1	2	3	4	5	6	7	8	9	10

Hard = 1–6   Instructional = 7–8   Easy = 9–10

	0 **Inaccurate**	**1** **Partial**	**2** **Full Detail**	**Check if prompted by teacher**
Main Character(s)	Inaccurate **or** no response	Tomás **o** su mamá	Tomás **y** su mamá	
Setting	Inaccurate **or** no response	Afuera	Afuera en un parque	
Problem	Inaccurate **or** no response	Tomás no puede pasear en el tren porque no puede sentarse solo.	• Tomás y su mamá ven un trencito y él quiere pasear. • Tomás no puede pasear en el tren porque usa silla de ruedas y no puede sentarse solo.	
Solution	Inaccurate **or** no response	Tomás ve otro tren con una silla grande en que sí puede sentarse solo.	• Tomás ve una niña sentada en el tren que también usa silla de ruedas. • La niña le dice a Tomás que el paseo es divertido y Tomás también pasea en el tren. Tomás saluda con la mano a la niña.	
Sequence	Gives *no* events **or** provides *some* events inaccurately sequenced	Identifies *some* events in the correct order	Relates *most* **or** *all* of the events in the correct order	

Reading level

Accuracy level: $\dfrac{111 - }{111}$ = _____ %

Running Words 111

Self-correction rate: _____ = _____ = 1: _____

%	99	98	97	96	95	94	93	92	91	90	89	88	87	86	85
Errors	1	2	3	4	5	6	7	8	9	10-11	12	13	14	15	16

Reading level (*with understanding*): Easy / Instructional / Hard

Reading Record

Name: _____ **Age:** _____ **Date:** _____

Text: **Tomás pasea en tren** _____ **Level:** **11** **R. W:** **111**

Accuracy: _____ **S.C. Rate:** _____

Page	Éste es un cuento sobre Tomás, Mamá y un paseo en tren.	E	S.C.	Errors MSV	Self corrections MSV
3	Un día, Tomás y su mamá				
	fueron al parque.				
	—Mira, Mamá —dijo Tomás—.				
	Esos niños están paseando en un trencito.				
	Tomás y Mamá caminaron				
	hacia la cerca.				
5	Los niños saludaron con la mano a Tomás				
	y él también los saludó.				
	—¡Se ve que es un paseo muy rico!				
	—dijo Tomás—.				
	Pero yo no puedo pasear en ese tren.				
	No puedo sentarme solo.				
7	Tomás dijo: —¡Mira, Mamá!				
	Ahí hay una silla de ruedas.				
	En el parque hay otro niño				
	que usa silla de ruedas.				
9	Entonces Tomás vio un tren amarillo.				
	—Una niña va sentada				
	en una silla grande atrás —dijo.				
11	Los niños se bajaron del tren.				
	Pero la niña se quedó sentada.				
El estudiante termina de leer el libro. **Total**					

Analysis of Reading Behaviors

Name: _____

Record the date under the appropriate observation and next steps you recommend.

	PM Levels 3–14 Early Reading

Reading Skills	Observed Achievement of Skill	Observed Difficulty with Skill	Recommended Next Steps
Recalls facts from nonfiction text			
Uses prior knowledge to help construct meaning			
Uses decoding skills			
Shares feelings about text			
Relies more on word cues than on picture cues			
Self-monitors by asking questions: Does it make sense? Sound right? Look right?			
Responds creatively to content in books			
Makes some text-to-self connections			
Notices miscues and works at correcting them			
Uses context to confirm predictions			
Rereads to check meaning			
Retells longer stories in sequence with some detail			
Reads independently for pleasure			
Recognizes and reads an extended core of high-frequency words			
Writes a core of high-frequency words correctly			
Uses contents page and index to locate information			

Nivel 11: *Tomás pasea en tren*

Comprehension Check

Name: _____

Questions to check for understanding *(check if understanding acceptable)*

1. ¿Adónde fueron Tomás y su mamá a ver los trencitos? *(literal)*

   Response: (al parque) ☐

2. ¿Qué hizo Tomás cuando lo saludaron los niños? *(literal)*

   Response: (Él también los saludó.) ☐

3. ¿Qué crees que hubiera pasado si Tomás no hubiera visto la silla de ruedas y el tren amarillo? *(inferential)*

   Response: (Response should reflect interpretation and higher-level thinking.) ☐

Comprehension Strategies Checklist

Record the date under the appropriate observation and next steps you recommend.

Comprehension Strategy	Observed Achievement	Observed Difficulty	Recommended Next Steps
Uses prior knowledge and experience			
Identifies main idea or theme			
Compares and contrasts information			
Summarizes information			
Considers purpose for reading			
Asks questions to clarify meaning			
Connects ideas			
Text-to-text			
Text-to-self			
Text-to-world			
Visualizes information			
Uses fix-up strategies to monitor comprehension			
Makes and confirms predictions			
Draws inferences			

Teacher: _____ **Date benchmark assessment completed:** _____

Name: _____

1	2	3	4	5	6	7	8	9	10

Hard = 1–6   Instructional = 7–8   Easy = 9–10

	0 **Inaccurate**	**1** **Partial**	**2** **Full Detail**	**Check if prompted by teacher**
Main Character(s)	Inaccurate **or** no response **or** 1 of the following: Papá, Mamá, el hermano mayor, Benjamín, Abuelita	**2 or 3** of the following: Papá, Mamá, el hermano mayor, Benjamín, Abuelita	Papá, Mamá, el hermano mayor, Benjamín **y** Abuelita	
Setting	Inaccurate **or** no response	Su casa **o** la casa blanca	Su casa **y** la casa blanca	
Problem	Inaccurate **or** no response	Necesitan una casa más grande porque Abuelita se va a mudar con ellos.	• Abuelita se va a mudar con ellos. • La casa sólo tiene dos cuartos: uno para los padres y uno para los niños.	
Solution	Inaccurate **or** no response	Compran una casa más grande.	• Deciden comprar una casa más grande. • Ven varias casas pero les gusta más la blanca porque tiene jardín y un cuarto para cada uno. • Abuelita ve la casa y también le gusta.	
Sequence	Gives *no* events **or** provides *some* events inaccurately sequenced	Identifies *some* events in the correct order	Relates *most* **or** *all* of the events in the correct order	

Reading level

Running Words 112

Accuracy level: $\dfrac{112 - \quad}{112}$ = _____ %

Self-correction rate: _____ = _____ = 1: _____

%	99	98	97	96	95	94	93	92	91	90	89	88	87	86	85
Errors	1	2	3	4	5	6	7	8	9	10-11	12	13	14	15	16

Reading level *(with understanding)*: **Easy / Instructional / Hard**

Reading Record

Name: _____

Text: __Vamos a comprar una nueva casa__

Age: _____ Date: _____

Level: __12__ R. W: __112__

Accuracy: _____ S.C. Rate: _____

Page	Este libro trata de una familia que quiere comprar una casa. Lo escribe un niño en su diario.	E	S.C.	Errors MSV	Self corrections MSV
2	Mamá nos contó que Abuelita viene a vivir con nosotros. Va a quedarse con nosotros por mucho tiempo. Yo quiero mucho a Abuelita.				
4	Mamá y Papá quieren comprarnos una casa más grande donde podamos vivir todos. Nuestra casa tiene dos cuartos. Yo duermo en este cuarto con mi hermano Benjamín. Vamos a comprar una casa que tenga un cuarto para Abuelita.				
6	Hoy salimos de paseo en el carro. Vimos muchísimas casas. La casa blanca es la que más me gustó.				
8	Volvimos a ver la casa blanca. Miramos por encima de la cerca. Vimos un jardín grande donde Benjamín y yo podemos jugar. Mañana regresaremos a verla por dentro.				
10	Hoy entramos a la casa.				
	El estudiante termina de leer el libro.	**Total**			

Nivel 12: *Vamos a comprar una nueva casa*

Analysis of Reading Behaviors

Name: _____

Record the date under the appropriate observation and next steps you recommend.

| PM Levels 3–14 |
| Early Reading |

Reading Skills	Observed Achievement of Skill	Observed Difficulty with Skill	Recommended Next Steps
Recalls facts from nonfiction text			
Uses prior knowledge to help construct meaning			
Uses decoding skills			
Shares feelings about text			
Relies more on word cues than on picture cues			
Self-monitors by asking questions: Does it make sense? Sound right? Look right?			
Responds creatively to content in books			
Makes some text-to-self connections			
Notices miscues and works at correcting them			
Uses context to confirm predictions			
Rereads to check meaning			
Retells longer stories in sequence with some detail			
Reads independently for pleasure			
Recognizes and reads an extended core of high-frequency words			
Writes a core of high-frequency words correctly			
Uses contents page and index to locate information			

Comprehension Check

Name: _____

Questions to check for understanding *(check if understanding acceptable)*

1. ¿Quién va a venir a vivir con la familia? *(literal)*

   Response: (Abuelita) □

2. ¿Por qué Papá y Mamá quieren comprar una casa más grande? *(literal)*

   Response: (para tener un cuarto para Abuelita) □

3. ¿Qué casa compraron? *(literal)*

   Response: (la casa blanca) □

4. ¿Por qué crees que Abuelita va a quedarse por mucho tiempo? *(inferential)*

   Response: (Response should reflect interpretation and higher-level thinking.) □

Comprehension Strategies Checklist

Record the date under the appropriate observation and next steps you recommend.

Comprehension Strategy	Observed Achievement	Observed Difficulty	Recommended Next Steps
Uses prior knowledge and experience			
Identifies main idea or theme			
Compares and contrasts information			
Summarizes information			
Considers purpose for reading			
Asks questions to clarify meaning			
Connects ideas			
Text-to-text			
Text-to-self			
Text-to-world			
Visualizes information			
Uses fix-up strategies to monitor comprehension			
Makes and confirms predictions			
Draws inferences			

Teacher: _____   **Date benchmark assessment completed:** _____

Assessment Record
Nivel 13: *La mejor corredora*
Retelling Response Sheet

Name: _____

1   2   3   4   5   6   7   8   9   10
Hard = 1–6   Instructional = 7–8   Easy = 9–10

	0 **Inaccurate**	**1** **Partial**	**2** **Full Detail**	**Check if prompted by teacher**
Main Character(s)	Inaccurate **or** no response	La señorita García **y** los niños	La señorita García, Raquel, Ana **y** Jaime	
Setting	Inaccurate **or** no response	Afuera	Afuera en el parque	
Problem	Inaccurate **or** no response	• Los niños hacen una carrera y Jaime gana. • Raquel se pone triste porque no gana.	• La señorita García y los niños van al parque y los niños deciden hacer una carrera. • Raquel quiere ganar pero Jaime gana y ella se pone triste.	
Solution	Inaccurate **or** no response	Los niños hacen otra carrera, Raquel gana y está feliz.	• Raquel quiere una carrera más larga. • Raquel corre despacio porque ve que un niño se cae. • Raquel ve que Jaime y Ana la van a alcanzar, así que corre más rápido, gana y está feliz. • Raquel y Jaime se dan la mano y se felicitan.	
Sequence	Gives *no* events **or** provides *some* events inaccurately sequenced	Identifies *some* events in the correct order	Relates *most* **or** *all* of the events in the correct order	

Reading level

Running Words 102

Accuracy level: $\dfrac{102 - }{102}$ =   %

Self-correction rate: ———— = ———— = 1:

%	99	98	97	96	95	94	93	92	91	90	89	88	87	86	85
Errors	1	2	3	4	5	6	7	8	9	10	11	12	13	14	15

Reading level *(with understanding)*: **Easy / Instructional / Hard**

Reading Record

Name: _____ Age:_____ Date: _____

Text: __**La mejor corredora**_____ Level:___**13**___ R. W: __**102**__

Accuracy: _____ S.C. Rate: _____

Page	Éste es un cuento sobre unos niños que corren una carrera: Raquel, Ana y Jaime.	E	S.C.	Errors MSV	Self corrections MSV
3	Una mañana, la señorita García y su clase fueron al parque. —¿A quién le gusta correr? —preguntó. —¡A todos! —gritaron los niños.				
5	—¿Podemos correr hasta los columpios y regresar? —preguntó Raquel. —Sí —dijo la señorita García—. Pueden salir de aquí. Raquel le dijo a Ana: —Hoy quiero ser la **primera.**				
7	La señorita García les gritó a los niños: —¿Listos? **¡FUERA!** Raquel y Ana corrían rápido. Jaime también era un buen corredor. —¡Cuidado, Raquel! —gritó Ana—. Jaime te está alcanzando.				
9	Raquel y Ana corrieron muy rápido, pero Jaime corrió más rápido. **Él** fue el primero. —Jaime, tú eres el mejor corredor —dijo Raquel.				
	El estudiante termina de leer el libro. **Total**				

Reading Record © Harcourt Achieve Inc., 2004.
This page may be photocopied for educational use within the purchasing institution.

Rigby PM Evaluación

Analysis of Reading Behaviors

Name: _____

Record the date under the appropriate observation and next steps you recommend.

**PM Levels 3–14
Early Reading**

Reading Skills	Observed Achievement of Skill	Observed Difficulty with Skill	Recommended Next Steps
Recalls facts from nonfiction text			
Uses prior knowledge to help construct meaning			
Uses decoding skills			
Shares feelings about text			
Relies more on word cues than on picture cues			
Self-monitors by asking questions: Does it make sense? Sound right? Look right?			
Responds creatively to content in books			
Makes some text-to-self connections			
Notices miscues and works at correcting them			
Uses context to confirm predictions			
Rereads to check meaning			
Retells longer stories in sequence with some detail			
Reads independently for pleasure			
Recognizes and reads an extended core of high-frequency words			
Writes a core of high-frequency words correctly			
Uses contents page and index to locate information			

Comprehension Check

Name: _____

Questions to check for understanding *(check if understanding acceptable)*

1. ¿Adónde fueron la señorita García y su clase? *(literal)*

   Response: (al parque)   ☐

2. ¿Quién llegó primero cuando corrieron a los columpios y regresaron? *(literal)*

   Response: (Jaime)   ☐

3. ¿Qué le pasó a un niño cuando empezaron la carrera alrededor del parque? *(literal)*

   Response: (Se cayó.)   ☐

4. ¿Por qué crees que Raquel quería una carrera más larga? *(inferential)*

   Response: (Response should reflect interpretation and higher-level thinking.)   ☐

Comprehension Strategies Checklist

Record the date under the appropriate observation and next steps you recommend.

Comprehension Strategy	Observed Achievement	Observed Difficulty	Recommended Next Steps
Uses prior knowledge and experience			
Identifies main idea or theme			
Compares and contrasts information			
Summarizes information			
Considers purpose for reading			
Asks questions to clarify meaning			
Connects ideas			
Text-to-text			
Text-to-self			
Text-to-world			
Visualizes information			
Uses fix-up strategies to monitor comprehension			
Makes and confirms predictions			
Draws inferences			

Teacher: _____   **Date benchmark assessment completed:** _____

Gallinita, Ratón y Conejo

Name: _____

1   2   3   4   5   6   7   8   9   10

Hard = 1–6   Instructional = 7–8   Easy = 9–10

	0 **Inaccurate**	**1** **Partial**	**2** **Full Detail**	**Check if prompted by teacher**
Main Character(s)	Inaccurate **or** no response **or** **1–2** of the following: Gallinita, Ratón, Conejo, Zorro	**3** of the following: Gallinita, Ratón, Conejo, Zorro	Gallinita, Ratón, Conejo **y** Zorro	
Setting	Inaccurate **or** no response	La casa del bosque **o** el bosque	La casa del bosque **y** el bosque	
Problem	Inaccurate **or** no response	• Gallinita hacía todo el trabajo y Ratón y Conejo no hacían nada. • Zorro se llevó a Ratón y Conejo.	• Gallinita hacía todo el trabajo de la casa, y Ratón y Conejo se quedaban sentados. • Una mañana Gallinita subió a hacer las camas, y un zorro hambriento entró. • Puso a Ratón y Conejo en una bolsa y se fue corriendo al bosque. • La bolsa era tan pesada que Zorro se acostó a dormir.	
Solution	Inaccurate **or** no response	• Gallinita encontró a Ratón y Conejo y los salvó. • Zorro se cayó al río cuando iba para su casa con la bolsa. • Después de eso, Ratón y Conejo ayudaron a Gallinita todos los días.	• Gallinita vio que Ratón y Conejo no estaban y se fue al bosque a buscarlos. • Gallinita vio a Zorro durmiendo y vio que por un hoyo de la bolsa salía una cola. • Gallinita sacó a sus amigos y llenaron la bolsa de piedras. • Se fueron a casa y cerraron la puerta. • Zorro se despertó y caminó con la bolsa. • Cuando cruzó el río se cayó porque la bolsa pesaba mucho. • Después de eso, Ratón y Conejo ayudaron a Gallinita todos los días.	
Sequence	Gives *no* events **or** provides *some* events inaccurately sequenced	Identifies *some* events in the correct order	Relates *most* **or** *all* of the events in the correct order	

Reading level

Running Words 124

Accuracy level: $\dfrac{124 - \_\_\_}{124}$ =   %

Self-correction rate: ——— = ——— = 1: ___

%	99	98	97	96	95	94	93	92	91	90	89	88	87	86	85
Errors	1	2	3	4	5-6	7	8	9-10	11	12	13	14	15	16	17

Reading level *(with understanding)*: **Easy / Instructional / Hard**

Reading Record

Name: _____ Age: _____ Date: _____

Text: __**Gallinita, Ratón y Conejo**_____ Level: __**14**__ R. W: __**124**__

Accuracy: _____ S.C. Rate: _____

Page	Éste es un cuento sobre tres amigos —Gallinita, Ratón y Conejo— y su encuentro con Zorro.	E	S.C.	Errors MSV	Self corrections MSV
2	Gallinita, Ratón y Conejo vivían en una casa junto al bosque. Gallinita hacía todos los trabajos de la casa.				
3	Ratón y Conejo se quedaban sentados todo el día. ¡Eran perezosos!				
4	Una mañana, Gallinita subió las escaleras para hacer las camas. Ratón y Conejo dormían en sus sillas. La puerta estaba abierta y un zorro hambriento entró.				
5	Zorro metió a Ratón y Conejo en la bolsa y la amarró.				
6	Zorro corrió al bosque. La bolsa era pesada. La puso en el suelo. Después se quedó dormido debajo de un árbol.				
8	Cuando Gallinita bajó, ¡no vio a Ratón! ¡Tampoco vio a Conejo! Salió corriendo a buscarlos en el bosque.				
9	Gallinita vio a Zorro y vio la bolsa. ¡Por un hoyo de la bolsa salía una cola!				
	El estudiante termina de leer el libro. **Total**				

Nivel 14: *Gallinita, Ratón y Conejo*

Evaluación

Analysis of Reading Behaviors

Name: _____

Record the date under the appropriate observation and next steps you recommend.

Reading Skills	Observed Achievement of Skill	Observed Difficulty with Skill	Recommended Next Steps
Recalls facts from nonfiction text			
Uses prior knowledge to help construct meaning			
Uses decoding skills			
Shares feelings about text			
Relies more on word cues than on picture cues			
Self-monitors by asking questions: Does it make sense? Sound right? Look right?			
Responds creatively to content in books			
Makes some text-to-self connections			
Notices miscues and works at correcting them			
Uses context to confirm predictions			
Rereads to check meaning			
Retells longer stories in sequence with some detail			
Reads independently for pleasure			
Recognizes and reads an extended core of high-frequency words			
Writes a core of high-frequency words correctly			
Uses contents page and index to locate information			

Nivel 14: *Gallinita, Ratón y Conejo*

Comprehension Check

Name: _____

Questions to check for understanding *(check if understanding acceptable)*

1. ¿Al principio del cuento, ¿quién hacía todos los trabajos en la casa? *(literal)*

   Response: (Gallinita)

   ☐

2. ¿Qué le hizo Zorro a Ratón y Conejo? *(literal)*

   Response: (Los metió en una bolsa.)

   ☐

3. ¿Por qué Zorro puso la bolsa en el suelo? *(literal)*

   Response: (La bolsa era pesada y estaba cansado.)

   ☐

4. Gallinita vio una cola que salía por un hoyo de la bolsa.
   ¿De quién crees que era la cola? *(inferential))*

   Response: (Response should reflect interpretation and higher-level thinking.)

   ☐

Comprehension Strategies Checklist

Record the date under the appropriate observation and next steps you recommend.

Comprehension Strategy	Observed Achievement	Observed Difficulty	Recommended Next Steps
Uses prior knowledge and experience			
Identifies main idea or theme			
Compares and contrasts information			
Summarizes information			
Considers purpose for reading			
Asks questions to clarify meaning			
Connects ideas			
Text-to-text			
Text-to-self			
Text-to-world			
Visualizes information			
Uses fix-up strategies to monitor comprehension			
Makes and confirms predictions			
Draws inferences			

Teacher: _____   **Date benchmark assessment completed:** ____

Name: _____

| | 1 | 2 | 3 | 4 | 5 | 6 | 7 | 8 | 9 | 10 |

Hard = 1–6   Instructional = 7–8   Easy = 9–10

	0 **Inaccurate**	**1** **Partial**	**2** **Full Detail**	**Check if prompted by teacher**
Main Character(s)	Inaccurate **or** no response or 1 of the following: Pequeño Estegosaurio, Dinosaurio Grande, la mamá de Pequeño Estegosaurio, los dinosaurios	**2 or 3** of the following: Pequeño Estegosaurio, Dinosaurio Grande, la mamá de Pequeño Estegosaurio, los dinosaurios	Pequeño Estegosaurio, Dinosaurio Grande, la mamá de Pequeño Estegosaurio **y** los dinosaurios	
Setting	Inaccurate **or** no response	Afuera	Afuera en el bosque	
Problem	Inaccurate **or** no response	• Dinosaurio Grande persigue a Pequeño Estegosaurio, su mamá y los otros dinosaurios. • Casi atrapa a Pequeño Estegosaurio.	• Pequeño Estegosaurio camina con los otros dinosaurios y su mamá a buscar comida al río. • Dinosaurio Grande llega y salen corriendo al bosque. • Pequeño Estegosaurio no corre como los demás y lo va a atrapar.	
Solution	Inaccurate **or** no response	La mamá de Pequeño Estegosaurio lo salva y corren al bosque.	• La manada de dinosaurios se esconde en el bosque. • La mamá ve que está en peligro y corre a salvarlo. • Golpea la pata de Dinosaurio Grande. • Dinosaurio Grande sangra y tiene que parar. • Pequeño Estegosaurio y su mamá corren al bosque y Dinosaurio Grande regresa al río porque está herido.	
Sequence	Gives *no* events **or** provides *some* events inaccurately sequenced	Identifies *some* events in the correct order	Relates *most* **or** *all* of the events in the correct order	

Reading level

Running Words 123

Accuracy level: $\frac{123 - }{123}$ = _____ %

Self-correction rate: _____ = _____ = 1: _____

%	99	98	97	96	95	94	93	92	91	90	89	88	87	86	85
Errors	1	2	3	4	5-6	7	8	9-10	11	12	13	14	15	16	17

Reading level *(with understanding)*: **Easy / Instructional / Hard**

Rigby
PM
Evaluación

Reading Record

Name:		Age:	Date:
Text: Pequeño Estegosaurio		**Level:** 15	**R. W:** 123
		Accuracy:	**S.C. Rate:**

Page	Éste es un cuento sobre Pequeño Estegosaurio y su mamá un día que vino Dinosaurio Grande.	E	S.C.	Errors MSV	Self corrections MSV
2	Hace mucho tiempo, vivían en el bosque unos dinosaurios.				
3	Bajaban al río todos los días. Les gustaba comer las hojas verdes que había junto al río. Pequeño Estegosaurio caminaba junto a su mamá. Se sentía seguro a su lado.				
4	Un día, cuando la manada de dinosaurios estaba por el río, la tierra comenzó a temblar. ¡Pum! ¡Pum! ¡Pum! ¡Pum! Los dinosaurios miraron hacia arriba.				
5	¡**Dinosaurio Grande** se acercaba! La manada de dinosaurios corrió. Pequeño Estegosaurio también corrió.				
6	Los dinosaurios subieron por la loma hasta llegar al bosque. Corrieron lo más rápido que pudieron.				
7	Todos le tenían miedo a Dinosaurio Grande. Pequeño Estegosaurio corrió y corrió. Pero no podía seguirle los pasos a la manada. Era muy chiquito.				
8	Pequeño Estegosaurio se estaba quedando atrás.				
	El estudiante termina de leer el libro. **Total**				

Analysis of Reading Behaviors

Name: _____

Record the date under the appropriate observation and next steps you recommend.

> **PM Levels 15–22 Early Fluency Reading**

Reading Skills	Observed Achievement of Skill	Observed Difficulty with Skill	Recommended Next Steps
Chooses a variety of genres for independent reading			
Uses multiple clues (semantic, syntactic, phonics) to make meaning			
Reads in phrases or chunks			
Demonstrates some problem-solving strategies when challenged by difficult text (i.e. rereads text, thinks about main idea)			
Retells stories in sequence, using details and with strong sense of plot			
Recounts facts from informational text in a coherent manner			
Begins to have an understanding of spelling conventions			
Knows how to use an index			
Uses multiple strategies for unlocking unknown words			
Sometimes self-monitors during reading (i.e. asks questions to self)			

Comprehension Check

Name: _____

Questions to check for understanding *(check if understanding acceptable)*

1. ¿Por qué los dinosaurios bajaban al río todos los días? *(literal)*

   Response:　　(Bajaban a comer hojas verdes.)　　☐

2. ¿Por qué Pequeño Estegosaurio caminaba junto a su mamá? *(literal)*

   Response:　　(Se sentía seguro a su lado.)　　☐

3. ¿Cómo sabían los dinosaurios que Dinosaurio Grande venía? *(literal)*

   Response:　　(La tierra comenzó a temblar.)　　☐

4. ¿Por qué crees que los dinosaurios tenían miedo? *(inferential)*

   Response:　　(Response should reflect interpretation and higher-level thinking.)　　☐

Comprehension Strategies Checklist

Record the date under the appropriate observation and next steps you recommend.

Comprehension Strategy	Observed Achievement	Observed Difficulty	Recommended Next Steps
Uses prior knowledge and experience			
Identifies main idea or theme			
Compares and contrasts information			
Summarizes information			
Considers purpose for reading			
Asks questions to clarify meaning			
Connects ideas			
Text-to-text			
Text-to-self			
Text-to-world			
Visualizes information			
Uses fix-up strategies to monitor comprehension			
Makes and confirms predictions			
Draws inferences			

Teacher: _____　　**Date benchmark assessment completed:** _____

Assessment Record

Nivel 16: *El león grande y el ratoncito*

Retelling Response Sheet

El león grande
y el ratoncito

Name: _____

| 1 | 2 | 3 | 4 | 5 | 6 | 7 | 8 | 9 | 10 |

Hard = 1–6   Instructional = 7–8   Easy = 9–10

	0 **Inaccurate**	**1** **Partial**	**2** **Full Detail**	**Check if prompted by teacher**
Main Character(s)	Inaccurate **or** no response	El león grande **o** el ratoncito	El león grande **y** el ratoncito	
Setting	Inaccurate **or** no response	Afuera	Afuera en el monte	
Problem	Inaccurate **or** no response	• Un ratoncito va corriendo, despierta al león y éste lo agarra con la pata. • Una noche, el león cae en una red y pide ayuda.	• Un día, un ratoncito sale a buscar comida y pasa por encima de la pata de un león. • El león se despierta y atrapa al ratón con la pata. • Una noche, unos cazadores atrapan al león en una red y lo cuelgan de un árbol.	
Solution	Inaccurate **or** no response	• El león deja ir al ratón. • El ratón oye los gritos del león y lo ayuda a escapar.	• El ratón promete ayudar al león un día y el león lo suelta aunque no le cree. • El león pide ayuda y el ratón va y muerde las cuerdas para que el león escape. • El león le da las gracias.	
Sequence	Gives *no* events **or** provides *some* events inaccurately sequenced	Identifies *some* events in the correct order	Relates *most* **or** *all* of the events in the correct order	

Reading level

Running Words 114

Accuracy level: $\dfrac{114 - \rule{2em}{0.4pt}}{114}$ = _____ %

Self-correction rate: $\rule{3em}{0.4pt}$ = $\rule{3em}{0.4pt}$ = 1: ___

%	99	98	97	96	95	94	93	92	91	90	89	88	87	86	85
Errors	1	2	3	4	5	6	7	8-9	10	11	12	13	14	15	16

Reading level *(with understanding)*: **Easy / Instructional / Hard**

Rigby PM Evaluación

Reading Record

Name: _____   Age: _____   Date: _____

Text: __**El león grande y el ratoncito**__   Level: __16__   R. W: __114__

Accuracy: _____   S.C. Rate: _____

Page	Éste es un cuento sobre un león y un ratón, y cómo se ayudan.	E	S.C.	Errors MSV	Self corrections MSV
2	Había una vez un león grande.				
	Le gustaba dormir al sol.				
3	Un día, un ratoncito				
	salió a buscar algo de comer.				
	No vio al león y pasó corriendo por				
	encima de la pata del león.				
4	El león se despertó y				
	puso la pata encima del ratón.				
	—¡Te agarré! —dijo.				
5	El ratón no podía escapar.				
	—¡Por favor no me coma! —gritó—.				
	Si me deja ir, un día lo ayudaré.				
6	El león miró al ratón.				
	—¡Ja ja! ¡Ja ja! —se rió—.				
	¡Un ratón chiquito como tú no puede				
	ayudar a un león grande como yo!				
	Pero te dejaré ir.				
7	Levantó la pata y el ratoncito salió corriendo.				
8	A la noche siguiente, el león salió a cazar.				
	El estudiante termina de leer el libro. Total				

Evaluación

Analysis of Reading Behaviors

Name: _____

Record the date under the appropriate observation and next steps you recommend.

**PM Levels 15–22
Early Fluency Reading**

Reading Skills	Observed Achievement of Skill	Observed Difficulty with Skill	Recommended Next Steps
Chooses a variety of genres for independent reading			
Uses multiple clues (semantic, syntactic, phonics) to make meaning			
Reads in phrases or chunks			
Demonstrates some problem-solving strategies when challenged by difficult text (i.e. rereads text, thinks about main idea)			
Retells stories in sequence, using details and with strong sense of plot			
Recounts facts from informational text in a coherent manner			
Begins to have an understanding of spelling conventions			
Knows how to use an index			
Uses multiple strategies for unlocking unknown words			
Sometimes self-monitors during reading (i.e. asks questions to self)			

Comprehension Check

Name: _____

Questions to check for understanding *(check if understanding acceptable)*

1. ¿Cómo atrapó el león al ratón? *(literal)*

   Response: (El ratón pasó corriendo por encima de la pata del león.)   ☐

2. ¿Qué hizo el ratoncito cuando lo atrapó el león? *(literal)*

   Response: (Le pidió que no se lo comiera.)   ☐

3. ¿Por qué el león se rió del ratón? *(literal)*

   Response: (Pensaba que el ratón no lo podía ayudar.)   ☐

4. ¿Por qué crees que los hombres querían cazar al león? *(inferential)*

   Response: (Response should reflect interpretation and higher-level thinking.)   ☐

Comprehension Strategies Checklist

Record the date under the appropriate observation and next steps you recommend.

Comprehension Strategy	Observed Achievement	Observed Difficulty	Recommended Next Steps
Uses prior knowledge and experience			
Identifies main idea or theme			
Compares and contrasts information			
Summarizes information			
Considers purpose for reading			
Asks questions to clarify meaning			
Connects ideas			
Text-to-text			
Text-to-self			
Text-to-world			
Visualizes information			
Uses fix-up strategies to monitor comprehension			
Makes and confirms predictions			
Draws inferences			

Teacher: _____ **Date benchmark assessment completed:** _____

Assessment Record

Nivel 17: *El perro avaricioso y el hueso*

Retelling Response Sheet

Name: _____

1	2	3	4	5	6	7	8	9	10

Hard = 1–6   Instructional = 7–8   Easy = 9–10

	0 **Inaccurate**	**1** **Partial**	**2** **Full Detail**	**Check if prompted by teacher**
Main Character(s)	Inaccurate **or** no response	El perro	Tito, el perro	
Setting	Inaccurate **or** no response	Afuera	Afuera en un bosque, un río y un puente	
Problem	Inaccurate **or** no response	• Tito era un perro avaricioso. • Tito tenía un hueso grande pero vio uno más grande y lo quería. • Tito perdió su hueso cuando fue por el hueso más grande.	• Tito fue a una tienda y le dieron un hueso. • El hueso era grande y carnoso. Tito lo quería sólo para él y corrió a casa a esconderlo. Tito oyó un ruido y corrió más rápido. • Al cruzar el río miró hacia abajo y vio otro perro con un hueso más grande. • Tito quería el otro hueso, saltó al agua y perdió su hueso. • Tito no encontró al otro perro ni el hueso porque eran un reflejo. • Tito salió del agua mojado y con hambre.	
Solution	Inaccurate **or** no response	Tito dejó de ser avaricioso.	• Tito decidió no ser avaricioso nunca más. • Tito se fue a su casa.	
Sequence	Gives *no* events **or** provides *some* events inaccurately sequenced	Identifies *some* events in the correct order	Relates *most* **or** *all* of the events in the correct order	

Reading level

Running Words 103

Accuracy level: $\dfrac{103 - }{103}$ = %

Self-correction rate: ——— = ——— = 1:

%	99	98	97	96	95	94	93	92	91	90	89	88	87	86	85
Errors	1	2	3	4	5	6	7	8	9	10	11	12	13	14	15

Reading level *(with understanding)*: **Easy / Instructional / Hard**

Reading Record

Name: _____ Age: _____ Date: _____

Text: __**El perro avaricioso y el hueso**__ Level: __**17**__ R. W: __**103**__

Accuracy: _____ S.C. Rate: _____

Page	Éste es un cuento sobre un perro llamado Tito y lo que pasa el día que le dan un hueso grande.	E	S.C.	Errors MSV	Self corrections MSV
2	Había una vez un perrito llamado Tito. Era un perrito muy avaricioso.				
3	Todos los días Tito corría por el campo, cruzaba un puente y pasaba por entre unos árboles hasta llegar a una tienda.				
4	Una mañana, el dueño de la tienda le dio un hueso. Era un hueso grande y bien carnoso. —Éste es el hueso más grande del mundo —dijo Tito—. Me lo llevaré a casa para esconderlo. Nadie me lo podrá arrebatar. Es sólo para mí. Tito regresó por entre los árboles.				
6	Cuando Tito corría por entre los árboles, oyó un ruido. —¡Oh, no! —dijo—. ¡Alguien viene! Este hueso es mío.				

El estudiante termina de leer el libro.	Total				

Analysis of Reading Behaviors

Name: _____

Record the date under the appropriate observation and next steps you recommend.

PM Levels 15–22
Early Fluency Reading

Reading Skills	Observed Achievement of Skill	Observed Difficulty with Skill	Recommended Next Steps
Chooses a variety of genres for independent reading			
Uses multiple clues (semantic, syntactic, phonics) to make meaning			
Reads in phrases or chunks			
Demonstrates some problem-solving strategies when challenged by difficult text (i.e. rereads text, thinks about main idea)			
Retells stories in sequence, using details and with strong sense of plot			
Recounts facts from informational text in a coherent manner			
Begins to have an understanding of spelling conventions			
Knows how to use an index			
Uses multiple strategies for unlocking unknown words			
Sometimes self-monitors during reading (i.e. asks questions to self)			

Rigby
PM
Evaluación

Comprehension Check

Name: _____

Questions to check for understanding *(check if understanding acceptable)*

1. ¿Qué piensa hacer Tito con el hueso cuando llegue a casa? *(literal)*

   Response: (Piensa esconderlo.)   ☐

2. ¿Qué palabras de Tito muestran que es avaricioso? *(literal)*

   Response: (Nadie me lo podrá arrebatar. Es sólo para mí.)   ☐

3. Tito creyó que en el agua estaba otro perro. ¿Qué fue lo que vio? *(literal)*

   Response: (su propio reflejo)   ☐

4. ¿Por qué crees que Tito dijo que no volverá a ser avaricioso? *(inferential)*

   Response: (Response should reflect interpretation and higher-level thinking.)   ☐

Comprehension Strategies Checklist

Record the date under the appropriate observation and next steps you recommend.

Comprehension Strategy	Observed Achievement	Observed Difficulty	Recommended Next Steps
Uses prior knowledge and experience			
Identifies main idea or theme			
Compares and contrasts information			
Summarizes information			
Considers purpose for reading			
Asks questions to clarify meaning			
Connects ideas			
Text-to-text			
Text-to-self			
Text-to-world			
Visualizes information			
Uses fix-up strategies to monitor comprehension			
Makes and confirms predictions			
Draws inferences			

Teacher: _____   **Date benchmark assessment completed:** _____

Name: _____

1 2 3 4 5 6 7 8 9 10 11 12 13 14 15 16 17 18 19 20 21 22
Hard = 1–14   Instructional = 15–18   Easy = 19–22

1–22 Details	Check if prompted by teacher

Important Information

- **Aspecto:**
  1. El más pequeño del mundo: orejas, hocico y patas pequeñas
  2. Ojos negros
  3. Bigotes y cola largos

- **Movimiento:**
  4. Puede treparse a los pastos altos y al trigo.
  5. Se agarra con la cola y las patas de atrás.

- **Comida:**
  6. Come toda clase de semillas; las agarra con las patas delanteras.
  7. Bayas
  8. Insectos
  9. Hojas verdes

- **Peligros:**
  10. Los zorros los cazan en el pasto.
  11. Las lechuzas los cazan desde el cielo.
  12. En el verano se esconden en el trigo.

- **Nido:**
  13. Hacen nidos en lo alto del trigo.
  14. Doblan unas hojas largas y las colocan alrededor de los tallos de trigo.
  15. Parece una bolita de pasto.

- **Crías:**
  16. Tienen crías dos o tres veces al año.
  17. Nacen muy chiquitos, pero crecen todos los días y les sale pelo.
  18. Se van a los 15 días.

- **Cosecha:**
  19. Tienen que correr porque llegan unas máquinas a cortar el trigo.
  20. Unos escapan, pero otros no.

- **Invierno:**
  21. Se esconden en hoyos, debajo de arbustos o dentro de troncos.
  22. Es difícil encontrar comida y muchos mueren.

Reading level

Running Words 127

Accuracy level: $\dfrac{127 - }{127}$ = _____ %

Self-correction rate: _____ = _____ = 1:

%	99	98	97	96	95	94	93	92	91	90	89	88	87	86	85
Errors	1	2	3-4	5	6	7	8-9	10	11	12	13	14-15	16	17	18

Reading level *(with understanding):* **Easy / Instructional / Hard**

Rigby PM Evaluación

Reading Record

Name: _____ Age: _____ Date: _____

Text: **El ratón de campo** _____ Level: **18** R. W: **127**

Text Type: *Informative* _____ Accuracy: _____ S.C. Rate: _____

Suggestion:
a) The teacher reads the chapter headings to the student.
b) The student reads pages 2–10 aloud, before reading the assessment section.

Page	Este texto informativo explica cómo es el ratón del campo y cómo vive en los trigales.	E	S.C.	Errors MSV	Self corrections MSV
12	La ratona de campo tiene crías dos o tres veces al año. Al nacer, los ratoncitos son muy chiquitos, pero crecen todos los días y les sale pelo.				
13	Cuando tienen 15 días, ya han crecido y pueden irse del nido. Ya pueden cuidarse. Ya pueden buscar su propia comida.				
14	A la hora de recoger la cosecha, los ratoncitos tienen que correr. Llegan unas máquinas a cortar el trigo. Algunos ratones escapan, pero otros no.				
16	Cuando se ha cortado el trigo, los ratones de campo buscan otro sitio para vivir. Se esconden en hoyos, debajo de arbustos o dentro de troncos. Cuando llega el frío invierno, es difícil encontrar comida. Por eso muchos ratones mueren. Pero todos los años, algunos ratones de campo sobreviven y ven llegar la primavera.				
El estudiante termina de leer el libro. **Total**					

Analysis of Reading Behaviors

Name: _____

Record the date under the appropriate observation and next steps you recommend.

| | PM Levels 15–22 Early Fluency Reading | | |

Reading Skills	Observed Achievement of Skill	Observed Difficulty with Skill	Recommended Next Steps
Chooses a variety of genres for independent reading			
Uses multiple clues (semantic, syntactic, phonics) to make meaning			
Reads in phrases or chunks			
Demonstrates some problem-solving strategies when challenged by difficult text (i.e. rereads text, thinks about main idea)			
Retells stories in sequence, using details and with strong sense of plot			
Recounts facts from informational text in a coherent manner			
Begins to have an understanding of spelling conventions			
Knows how to use an index			
Uses multiple strategies for unlocking unknown words			
Sometimes self-monitors during reading (i.e. asks questions to self)			

Nivel 18: *El ratón de campo*

Comprehension Check

Name: _____

Questions to check for understanding *(check if understanding acceptable)*

1. ¿Para qué les sirve la cola a los ratones de campo? *(literal)*

   Response: (para agarrarse al trigo)   ☐

2. ¿Qué come el ratón de campo? *(literal)*

   Response: (semillas, bayas, insectos, hojas verdes, muchas cosas)   ☐

3. ¿Por qué viven en peligro los ratones de campo? *(literal)*

   Response: (porque muchos animales tratan de atraparlos)   ☐

4. ¿Por qué crees que es difícil ver los nidos en el trigo alto? *(inferential))*

   Response: (Response should reflect interpretation and higher-level thinking.)   ☐

Comprehension Strategies Checklist

Record the date under the appropriate observation and next steps you recommend.

Comprehension Strategy	Observed Achievement	Observed Difficulty	Recommended Next Steps
Uses prior knowledge and experience			
Identifies main idea or theme			
Compares and contrasts information			
Summarizes information			
Considers purpose for reading			
Asks questions to clarify meaning			
Connects ideas			
Text-to-text			
Text-to-self			
Text-to-world			
Visualizes information			
Uses fix-up strategies to monitor comprehension			
Makes and confirms predictions			
Draws inferences			

Teacher: _____   **Date benchmark assessment completed:** _____

Assessment Record

Nivel 19: *La vieja cabaña del bosque*

Retelling Response Sheet

Name: _____

1   2   3   4   5   6   7   8   9   10
Hard = 1–6   Instructional = 7–8   Easy = 9–10

	0 **Inaccurate**	**1** **Partial**	**2** **Full Detail**	**Check if prompted by teacher**
Main Character(s)	Inaccurate **or** no response or 1 of the following: Saúl, Mauro, los padres de Saúl, Diego	**2–3** of the following: Saúl, Mauro, los padres de Saúl, Diego	Saúl, Mauro, los padres de Saúl **y** Diego	
Setting	Inaccurate **or** no response	Afuera	Afuera en el bosque	
Problem	Inaccurate **or** no response	• Saúl, Mauro y los padres de Saúl fueron a pasear en bicicleta a una cabaña. • Cuando llegaron a la cabaña encontraron a un niño perdido que se llamaba Diego.	• Saúl, Mauro y los padres de Saúl fueron a pasear en bicicleta a una vieja cabaña del bosque. • Siguieron por el camino del río y pasaron por el prado de los picnics. • Cuando llegaron a la cabaña, oyeron un llanto. • Papá encontró a Diego, un niñito que estaba perdido y tenía miedo. • Los padres de Diego estaban en un picnic y él se perdió porque fue a buscar un conejito al bosque.	
Solution	Inaccurate **or** no response	• Saúl, Mauro y los padres de Saúl llevaron a Diego al prado de los picnics y encontraron a sus padres. • Ellos regresaron a la cabaña.	• Mamá montó a Diego en su bicicleta y regresaron al prado de los picnics. • Oyeron voces que llamaban a Diego. • Los padres de Diego se pusieron felices de verlo. • Loa demás volvieron a la vieja cabaña del bosque.	
Sequence	Gives *no* events **or** provides *some* events inaccurately sequenced	Identifies *some* events in the correct order	Relates *most* **or** *all* of the events in the correct order	

Reading level

Running Words 144

Accuracy level: $\frac{144 - \quad}{144}$ = ____ %

Self-correction rate: ———— = ———— = 1:

%	99	98	97	96	95	94	93	92	91	90	89	88	87	86	85
Errors	1	2	3-4	5-6	7	8	9-10	11	12	13-14	15	16-17	18	19	20

Reading level *(with understanding):* **Easy / Instructional / Hard**

Reading Record

Name: _____   **Age:** _____   **Date:** _____

Text: **La vieja cabaña del bosque**   **Level:** __19__   **R. W:** __144__

Accuracy: _____   **S.C. Rate:** _____

Page	Éste es un cuento sobre el día que Saúl, su papá y su mamá, y su amigo Mauro hacen un paseo en bicicleta a una vieja cabaña.	E	S.C.	Errors MSV	Self corrections MSV
2	Saúl y su amigo Mauro iban a pasear en bicicleta con los padres de Saúl. —Hemos decidido ir hasta la vieja cabaña del bosque que está al lado del río —le dijo Saúl a Mauro—. ¡Es mi lugar favorito! —¿Vive alguien ahí? —preguntó Mauro. —No, nadie —se rió Saúl—. Pero creo que unos gatos salvajes a veces se esconden debajo de la cabaña.				
4	Al poco rato partieron. Subieron por el camino del río. —¡Saúl! —gritó Papá—. No vayan tan rápido. No se nos adelanten demasiado. —Sigan por el camino hasta llegar al bosque —les dijo Mamá—. Y nos esperan allí.				
6	Saúl y Mauro llegaron al final del camino del río. Había dos caminos para entrar al bosque. Los padres de Saúl los alcanzaron. —¿Qué camino debemos escoger? —preguntó Saúl. —Vayan por el camino de la izquierda —dijo Mamá—. Pasen el prado de los picnics.				
El estudiante termina de leer el libro.	**Total**				

Analysis of Reading Behaviors

Name: _____

Record the date under the appropriate observation
and next steps you recommend.

PM Levels 15–22
Early Fluency Reading

Reading Skills	Observed Achievement of Skill	Observed Difficulty with Skill	Recommended Next Steps
Chooses a variety of genres for independent reading			
Uses multiple clues (semantic, syntactic, phonics) to make meaning			
Reads in phrases or chunks			
Demonstrates some problem-solving strategies when challenged by difficult text (i.e. rereads text, thinks about main idea)			
Retells stories in sequence, using details and with strong sense of plot			
Recounts facts from informational text in a coherent manner			
Begins to have an understanding of spelling conventions			
Knows how to use an index			
Uses multiple strategies for unlocking unknown words			
Sometimes self-monitors during reading (i.e. asks questions to self)			

Comprehension Check

Name: _____

Questions to check for understanding *(check if understanding acceptable)*

1. ¿Qué animal pensó Saúl que estaba en la cabaña? *(literal)*

   Response: (un gato salvaje)   ☐

2. ¿Por dónde fueron los niños antes de llegar al bosque? *(literal)*

   Response: (por el camino del río)   ☐

3. ¿Qué camino del bosque les dijo Mamá que escogieran? *(literal)*

   Response: (el camino de la izquierda)   ☐

4. Explica por qué es importante no salirse del camino en un bosque. *(inferential)*

   Response: (Response should reflect interpretation and higher-level thinking.)   ☐

Comprehension Strategies Checklist

Record the date under the appropriate observation and next steps you recommend.

Comprehension Strategy	Observed Achievement	Observed Difficulty	Recommended Next Steps
Uses prior knowledge and experience			
Identifies main idea or theme			
Compares and contrasts information			
Summarizes information			
Considers purpose for reading			
Asks questions to clarify meaning			
Connects ideas			
Text-to-text			
Text-to-self			
Text-to-world			
Visualizes information			
Uses fix-up strategies to monitor comprehension			
Makes and confirms predictions			
Draws inferences			

Teacher: _____   **Date benchmark assessment completed:** _____

Los gemelos patinadores

Assessment Record

Nivel 20: *Los gemelos patinadores*

Retelling Response Sheet

Name: _____

1	2	3	4	5	6	7	8	9	10

Hard = 1–6   Instructional = 7–8   Easy = 9–10

	0 **Inaccurate**	**1** **Partial**	**2** **Full Detail**	**Check if prompted by teacher**
Main Character(s)	Inaccurate **or** no response	**1 or 2** of the following: Nico, Sara, Papá	Nico, Sara **y** Papá	
Setting	Inaccurate **or** no response	**1 or 2** of the following: afuera, en su barrio, en el parque, en la playa	Afuera, en su barrio, en el parque **y** en la playa	
Problem	Inaccurate **or** no response	Nico y Sara no pueden patinar en su barrio ni en el parque.	• Nico y Sara patinan en la acera y Nico se cae en el jardín de la señora Mendoza. Nico pide perdón. • Los niños no tienen dónde patinar. • Papá los lleva a patinar al parque. • Un letrero dice: "Prohibido patinar". • Al principio, a Papá le cuesta trabajo patinar en la playa.	
Solution	Inaccurate **or** no response	Papá lleva a los niños a la playa y patinan en un camino para patinar.	• Papá lleva a los niños a la playa y ven que hay gente patinando. Ahí se ponen a patinar. • Papá practica y puede patinar con los niños.	
Sequence	Gives *no* events **or** provides *some* events inaccurately sequenced	Identifies *some* events in the correct order	Relates *most* **or** *all* of the events in the correct order	

Reading level

Running Words 124

Accuracy level: $\dfrac{124 -}{124}$ =   %

Self-correction rate: ——— = ——— = 1:

%	99	98	97	96	95	94	93	92	91	90	89	88	87	86	85
Errors	1	2	3	4	5-6	7	8	9-10	11	12	13	14	15	6	17

Reading level *(with understanding)*: Easy / Instructional / Hard

Reading Record

Name:	Age: _____ Date: _____
Text: **Los gemelos patinadores**	Level: **20** R. W: **124**
	Accuracy: _____ S.C. Rate: _____

Page	Éste es un cuento sobre los gemelos Nico y Sara, que buscan un lugar para patinar.	E	S.C.	Errors MSV	Self corrections MSV
2	—A que te gano de aquí a la casa				
	—le dijo Nico a su hermana Sara.				
	Nico patinó a toda carrera por la acera.				
	Sin parar, volteó a mirar por dónde iba Sara.				
3	De pronto, Nico perdió el equilibrio				
	y cayó sobre el jardín de la señora Mendoza.				
4	Sara comenzó a reírse.				
	—¡Aplastaste las flores				
	de la señora Mendoza! —dijo.				
	—¡Ay! —dijo Nico—. Allá viene ella.				
	—Y aquí viene Papá —dijo Sara.				
5	—Lo siento mucho, señora Mendoza —dijo Nico—.				
	No quise hacerle daño a sus flores.				
	—Dejen de patinar aquí —dijo Papá—.				
6	Al llegar al parque,				
	Sara y Nico corrieron por el pasto				
	hasta llegar a un camino ancho.				
	Cuando se iban a poner los patines Papá dijo:				
	—¡Miren! ¡Aquí tampoco se puede patinar!				
El estudiante termina de leer el libro.	**Total**				

Nivel 20: *Los gemelos patinadores*

Analysis of Reading Behaviors

Name: _____

Record the date under the appropriate observation and next steps you recommend.

PM Levels 15–22
Early Fluency Reading

Reading Skills	Observed Achievement of Skill	Observed Difficulty with Skill	Recommended Next Steps
Chooses a variety of genres for independent reading			
Uses multiple clues (semantic, syntactic, phonics) to make meaning			
Reads in phrases or chunks			
Demonstrates some problem-solving strategies when challenged by difficult text (i.e. rereads text, thinks about main idea)			
Retells stories in sequence, using details and with strong sense of plot			
Recounts facts from informational text in a coherent manner			
Begins to have an understanding of spelling conventions			
Knows how to use an index			
Uses multiple strategies for unlocking unknown words			
Sometimes self-monitors during reading (i.e. asks questions to self)			

Comprehension Check

Name: _____

Questions to check for understanding *(check if understanding acceptable)*

1. ¿Por qué Nico perdió el equilibrio y cayó sobre el jardín de la señora Mendoza? *(literal)*

   Response: (porque volteó a mirar por dónde iba Sara) ☐

2. ¿Adónde va a llevar Papá a los niños a patinar? *(literal)*

   Response: (al parque) ☐

3. ¿Por qué se decepcionaron Sara y Nico cuando llegaron al parque? *(literal)*

   Response: (No se podía patinar.) ☐

4. ¿Por qué crees que hay un letrero que dice "Prohibido patinar en el parque"? *(inferential)*

   Response: (Response should reflect interpretation and higher-level thinking.) ☐

Comprehension Strategies Checklist

Record the date under the appropriate observation and next steps you recommend.

Comprehension Strategy	Observed Achievement	Observed Difficulty	Recommended Next Steps
Uses prior knowledge and experience			
Identifies main idea or theme			
Compares and contrasts information			
Summarizes information			
Considers purpose for reading			
Asks questions to clarify meaning			
Connects ideas			
Text-to-text			
Text-to-self			
Text-to-world			
Visualizes information			
Uses fix-up strategies to monitor comprehension			
Makes and confirms predictions			
Draws inferences			

Teacher: _____   **Date benchmark assessment completed:** _____

Assessment Record

Nivel 21: *Kwan, el artista*

Retelling Response Sheet

Name: _____

1   2   3   4   5   6   7   8   9   10
Hard = 1–6   Instructional = 7–8   Easy = 9–10

	0 **Inaccurate**	**1** **Partial**	**2** **Full Detail**	**Check if prompted by teacher**
Main Character(s)	Inaccurate **or** no response	El niño	Kwan	
Setting	Inaccurate **or** no response	La escuela	El salón de clase de Kwan en la escuela	
Problem	Inaccurate **or** no response	• Kwan está triste porque es nuevo en el país y todo es distinto. • Kwan no entiende mucho de lo que pasa.	• Kwan acaba de llegar al país y se siente triste. • Kwan no entiende lo que le dice la maestra. • Kwan no hace bien las tareas. • Kwan quiere hacer bien el trabajo de la escuela.	
Solution	Inaccurate **or** no response	• Kwan pinta y está feliz. • A todos les gusta lo que pintó.	• Kwan se alegra cuando puede pintar porque le encanta pintar. • Pinta el avión en que llegó a este nuevo país y los niños se acercan a ver. • Kwan está feliz porque sus compañeros creen que es un buen artista.	
Sequence	Gives *no* events **or** provides *some* events inaccurately sequenced	Identifies *some* events in the correct order	Relates *most* **or** *all* of the events in the correct order	

Reading level

Running Words 176

Accuracy level: $\dfrac{176 -}{176}$ = _____ %

Self-correction rate: _____ = _____ = 1: _____

%	99	98	97	96	95	94	93	92	91	90	89	88	87	86	85
Errors	1	2-3	4-5	6	7-8	9	10	11	12	13-14	15-16	17	18	19	20

Reading level *(with understanding)*: **Easy / Instructional / Hard**

Reading Record

Name:	Age:	Date:
Text: Kwan, el artista	Level: **21**	R. W: **176**
	Accuracy:	S.C. Rate:

Éste es un cuento sobre Kwan, un niño que llegó hace poco al país y es nuevo en la escuela.	E	S.C.	Errors MSV	Self corrections MSV
Kwan estaba sentado en su salón de clase. Se sentía triste. Llevaba pocos días en este país, donde todo era distinto. Su maestra era amable y trataba de explicarle lo que tenía que hacer. Pero Kwan no entendía todo lo que ella decía y por eso no hacía bien su trabajo escolar. ¡Ojalá pudiera hacer algo bien en la escuela! Kwan vio que unos niños sacaban pinturas y pinceles. Su maestra le dio una hoja grande de papel. ¡A Kwan le encantaba pintar! Por fin sabía lo que debía hacer. Le sonrió a su maestra y ella también le sonrió. Kwan decidió pintar el avión en que llegó a este nuevo país. Se acordaba bien de cómo era. Tomó un pincel y comenzó a pintar. Mientras pintaba, unos niños se acercaron a verlo. Kwan estaba orgulloso de su avión. Se veía como el avión de verdad. Otros niños se acercaron y lo rodearon. Todos querían ver su pintura. Kwan no entendía todo lo que decían, pero estaba feliz. Sabía que pensaban que era un buen artista.				
Total				

Analysis of Reading Behaviors

Name: _____

Record the date under the appropriate observation and next steps you recommend.

**PM Levels 15–22
Early Fluency Reading**

Reading Skills	Observed Achievement of Skill	Observed Difficulty with Skill	Recommended Next Steps
Chooses a variety of genres for independent reading			
Uses multiple clues (semantic, syntactic, phonics) to make meaning			
Reads in phrases or chunks			
Demonstrates some problem-solving strategies when challenged by difficult text (i.e. rereads text, thinks about main idea)			
Retells stories in sequence, using details and with strong sense of plot			
Recounts facts from informational text in a coherent manner			
Begins to have an understanding of spelling conventions			
Knows how to use an index			
Uses multiple strategies for unlocking unknown words			
Sometimes self-monitors during reading (i.e. asks questions to self)			

Comprehension Check

Name: _____

Questions to check for understanding *(check if understanding acceptable)*

1. ¿Por qué Kwan se sentía triste al principio del cuento? *(literal)*

   Response: (Era nuevo en la escuela y no entendía a la maestra.) ☐

2. ¿Cuánto tiempo llevaba Kwan en su nuevo país? *(literal)*

   Response: (unos pocos días) ☐

3. ¿Por qué Kwan sonrió cuando vio las pinturas y los pinceles? *(literal)*

   Response: (Le encantaba pintar y sabía lo que debía hacer.) ☐

4. ¿Por qué crees que otros niños se acercaron a ver pintar a Kwan? *(inferential)*

   Response: (Response should reflect interpretation and higher-level thinking.) ☐

5. Explica por qué Kwan no entendía todo lo que decía su maestra. *(inferential)*

   Response: (Response should reflect interpretation and higher-level thinking.) ☐

Comprehension Strategies Checklist

Record the date under the appropriate observation and next steps you recommend.

Comprehension Strategy	Observed Achievement	Observed Difficulty	Recommended Next Steps
Uses prior knowledge and experience			
Identifies main idea or theme			
Compares and contrasts information			
Summarizes information			
Considers purpose for reading			
Asks questions to clarify meaning			
Connects ideas			
Text-to-text			
Text-to-self			
Text-to-world			
Visualizes information			
Uses fix-up strategies to monitor comprehension			
Makes and confirms predictions			
Draws inferences			

Teacher: _____   **Date benchmark assessment completed:** _____

Name: _____

1   2   3   4   5   6   7   8   9   10
Hard = 1–6   Instructional = 7–8   Easy = 9–10

	1–10 **Details**	**Check if** **prompted** **by teacher**

Important Information

- **Árboles:**

1. La gente ha cortado árboles por miles de años.

2. La madera de los árboles se usa para construir casas, mesas, sillas y otros muebles, y papel.

3. En todo el mundo se han cortado muchos árboles.

4. Cortaron millones de árboles y despejaron la tierra.

5. La lluvia arrastró el suelo y no se podía sembrar nada.

6. Hoy sabemos que las ramas de los árboles no dejan que la lluvia arrastre el suelo.

7. En los árboles viven animales.

8. Ahora están sembrando árboles para reemplazar los que cortaron.

9. Cuando los árbolitos sean fuertes, los sembrarán donde más se necesitan.

10. Es importante reemplazar los árboles cortados.

Reading level

Running Words 168

Accuracy level: $\frac{168 - }{168}$ = ___ %

Self-correction rate: ——— = ——— = 1:

%	99	98	97	96	95	94	93	92	91	90	89	88	87	86	85
Errors	1-2	3	4-5	6	7-8	9	10	11-12	13-14	15	16	17-18	19	20	21

Reading level *(with understanding)*: **Easy / Instructional / Hard**

Evaluación

Reading Record

Name: _____	Age: _____	Date: _____
Text: **Los árboles de nuestro planeta**	Level: **22**	R. W: **168**
Text type: *Explanatory*	Accuracy: _____	S.C. Rate: _____

Este texto informativo explica la importancia de los árboles para nuestro planeta.	E	S.C.	Errors MSV	Self corrections MSV
Por miles de años se han cortado árboles. La madera de los árboles es muy útil. Se usa para construir casas. Se usa para hacer mesas, sillas y otros muebles. La madera también sirve para hacer papel. Pero en todo el mundo se han cortado demasiados árboles. Se han construido más y más casas. Se han construido grandes ciudades. Donde había enormes bosques ahora hay tierras de cultivo. Cortaron millones de árboles y despejaron la tierra. Pero las fuertes lluvias arrastraron la capa vegetal que cubría el suelo y no crecía casi nada. Ahora conocemos la importancia de los árboles. Sus ramas anchas no dejan que la lluvia arrastre la capa vegetal. Sus fuertes raíces sujetan el suelo, especialmente en montañas empinadas. Y los bosques brindan hogar a muchos animales. Ahora se están cultivando árboles para reemplazar los que se cortaron. Cuando los árboles jóvenes sean fuertes, se sembrarán donde más se necesitan. Pero demoran mucho en crecer. Todos tenemos que ayudar a sembrar árboles en nuestro planeta.				
Total				

Nivel 22: *Los árboles de nuestro planeta*

Analysis of Reading Behaviors

Name: _____

Record the date under the appropriate observation and next steps you recommend.

> **PM Levels 15–22**
> **Early Fluency Reading**

Reading Skills	Observed Achievement of Skill	Observed Difficulty with Skill	Recommended Next Steps
Chooses a variety of genres for independent reading			
Uses multiple clues (semantic, syntactic, phonics) to make meaning			
Reads in phrases or chunks			
Demonstrates some problem-solving strategies when challenged by difficult text (i.e. rereads text, thinks about main idea)			
Retells stories in sequence, using details and with strong sense of plot			
Recounts facts from informational text in a coherent manner			
Begins to have an understanding of spelling conventions			
Knows how to use an index			
Uses multiple strategies for unlocking unknown words			
Sometimes self-monitors during reading (i.e. asks questions to self)			

110

Analysis of Reading Behaviors © Harcourt Achieve Inc., 2004
This page may be photocopied for educational use within the purchasing institution

Comprehension Check

Name:

Questions to check for understanding *(check if understanding acceptable)*

1. ¿Para qué se usa la madera de los árboles? *(literal)*

   Response: (para construir casas, para hacer muebles y papel) ☐

2. ¿Por qué se han cortado millones de árboles? *(literal)*

   Response: (para despejar tierras de cultivo) ☐

3. ¿Qué pasó cuando cayeron fuertes lluvias y no había árboles? *(literal)*

   Response: (Las lluvias arrastraron la capa vegetal del suelo.) ☐

4. ¿Cómo protegen los árboles al suelo? *(inferential)*

   Response: (Response should reflect interpretation and higher-level thinking.) ☐

5. Explica por qué los árboles son tan importantes para el planeta. *(inferential)*

   Response: (Response should reflect interpretation and higher-level thinking.) ☐

Comprehension Strategies Checklist

Record the date under the appropriate observation and next steps you recommend.

Comprehension Strategy	Observed Achievement	Observed Difficulty	Recommended Next Steps
Uses prior knowledge and experience			
Identifies main idea or theme			
Compares and contrasts information			
Summarizes information			
Considers purpose for reading			
Asks questions to clarify meaning			
Connects ideas			
Text-to-text			
Text-to-self			
Text-to-world			
Visualizes information			
Uses fix-up strategies to monitor comprehension			
Makes and confirms predictions			
Draws inferences			

Teacher: _____ **Date benchmark assessment completed:** _____

Assessment Record

Nivel 23: *El molinero, su hijo y su burro*

Retelling Response Sheet

Name: _____

1   2   3   4   5   6   7   8   9   10
Hard = 1–6   Instructional = 7–8   Easy = 9–10

	0 **Inaccurate**	**1** **Partial**	**2** **Full Detail**	**Check if prompted by teacher**
Main Character(s)	Inaccurate **or** no response	**1 or 2** of the following: el molinero, su hijo, su burro	El molinero, su hijo **y** su burro	
Setting	Inaccurate **or** no response	Afuera	Camino al pueblo	
Events	Inaccurate **or** no response **or** 1 of the following: • Un molinero y su hijo llevaban un burro al pueblo a venderlo; unas mujeres les dijeron que lo montaran, y el hijo lo hizo. • Dos hombres les dijeron que el padre debería ir montado, y lo hizo. • Otros dijeron que el padre era egoísta, y los dos se montaron en el burro. • Un viajero les dijo que cargaran el burro porque estaba cansado, y lo hicieron. • En el pueblo se rieron de verlos, el burro se asustó, rompió las cuerdas y salió corriendo. • El molinero se dio cuenta de que era tonto tratar de complacer a todos.	**2–4** of the following: • Un molinero y su hijo llevaban un burro al pueblo a venderlo; unas mujeres les dijeron que lo montaran, y el hijo lo hizo. • Dos hombres les dijeron que el padre debería ir montado, y lo hizo. • Otros dijeron que el padre era egoísta, y los dos se montaron en el burro. • Un viajero les dijo que cargaran el burro porque estaba cansado, y lo hicieron. • En el pueblo se rieron de verlos, el burro se asustó, rompió las cuerdas y salió corriendo. • El molinero se dio cuenta de que era tonto tratar de complacer a todos.	**5 or more** of the following: • Un molinero y su hijo llevaban un burro al pueblo a venderlo; unas mujeres les dijeron que lo montaran, y el hijo lo hizo. • Dos hombres les dijeron que el padre debería ir montado, y lo hizo. • Otros dijeron que el padre era egoísta, y los dos se montaron en el burro. • Un viajero les dijo que cargaran el burro porque estaba cansado, y lo hicieron. • En el pueblo se rieron de verlos, el burro se asustó, rompió las cuerdas y salió corriendo. • El molinero se dio cuenta de que era tonto tratar de complacer a todos.	
Sequence	Gives *no* events **or** provides *some* events inaccurately sequenced	Identifies *some* events in the correct order	Relates *most* **or** *all* of the events in the correct order	

Reading level

Running Words 178

Accuracy level: $\dfrac{178 -}{178}$ =   %

Self-correction rate: ——— = ——— = 1:

%	99	98	97	96	95	94	93	92	91	90	89	88	87	86	85
Errors	1-2	3-4	5	6-7	8	9	10	11	12-13	14	15-16	17	18	19	20

Reading level *(with understanding)*: **Easy / Instructional / Hard**

Reading Record

Name: _____ **Age:** _____ **Date:** _____

Text: **El molinero, su hijo y su burro** **Level:** **23** **R. W:** **178**

Accuracy: _____ **S.C. Rate:** _____

	E	S.C.	Errors MSV	Self corrections MSV
Éste es un cuento sobre un molinero, su hijo, su burro y la gente que encuentran un día que van a la feria del pueblo.				

Un molinero y su hijo llevaban a su burro al pueblo para venderlo en una feria. Al poco rato, pasaron al lado de unas mujeres. Una de ellas dijo en voz alta: —¡Qué tontería caminar si pueden ir montados en el burro!

El molinero le dijo a su hijo que se montara en el burro. Más adelante se encontraron con dos hombres que hablaban. Uno de los hombres subió la mirada y le dijo al otro en voz alta: —Ese muchacho perezoso no respeta a su padre. El viejo es el que debería ir montado en el burro. Cuando el molinero oyó esto, hizo bajar a su hijo y se montó en el burro. Poco después se encontraron con otro grupo de personas. —¡Qué viejo tan egoísta! —exclamó una mujer señalando al cansado niño. Sin pensarlo dos veces, el molinero levantó a su hijo y lo colocó junto a él. El burro siguió caminando pesadamente con su carga. Al poco rato se encontraron con un viajero. —Ese burro está muy cansado —dijo frunciendo el ceño—. Tendrán que cargarlo.

El estudiante termina de leer el libro.	Total				

Analysis of Reading Behaviors

Name: _____

Record the date under the appropriate observation
and next steps you recommend.

**PM Levels 23–30
Fluency Reading**

Reading Skills	Observed Achievement of Skill	Observed Difficulty with Skill	Recommended Next Steps
Reads independently from variety of genres			
Self-monitors and self-corrects flexibly and efficiently in order to maintain meaning			
Asks questions to confirm understanding			
Forms and supports opinions about books			
Uses text-to-self, text-to-text, and text-to-world connections to enhance comprehension			
Evidences a knowledge of most spelling conventions			
Listens to longer chapter books			
Reads chapter books independently			
Successfully problem-solves unknown words			
Adapts strategies flexibly to fulfill a range of reading purposes			
Shows confidence when reading new text			
Summarizes and synthesizes stories and informational texts			
Draws conclusions while reading			
Make inferences required in complex texts			
Uses all available clues to make meaning			

Comprehension Check

Name: _____

Questions to check for understanding *(check if understanding acceptable)*

1. ¿Por qué llevaba el molinero el burro al pueblo? *(literal)*

   Response: (para venderlo en la feria)   ☐

2. ¿Por qué dijo un hombre que el muchacho era perezoso? *(literal)*

   Response: (Iba montado en el burro y su padre iba a pie.)   ☐

3. ¿Cuándo se cansó el burro? *(literal)*

   Response: (cuando cargó al molinero y al hijo)   ☐

4. ¿Qué te parece que fue lo más tonto que hizo el molinero? *(inferential)*

   Response: (Response should reflect interpretation and higher-level thinking.)   ☐

5. El molinero trató de complacer a todos. Explica por qué eso
   no dio resultado. *(inferential)*

   Response: (Response should reflect interpretation and higher-level thinking.)   ☐

Comprehension Strategies Checklist

Record the date under the appropriate observation and next steps you recommend.

Comprehension Strategy	Observed Achievement	Observed Difficulty	Recommended Next Steps
Uses prior knowledge and experience			
Identifies main idea or theme			
Compares and contrasts information			
Summarizes information			
Considers purpose for reading			
Asks questions to clarify meaning			
Connects ideas			
Text-to-text			
Text-to-self			
Text-to-world			
Visualizes information			
Uses fix-up strategies to monitor comprehension			
Makes and confirms predictions			
Draws inferences			

Teacher: _____   **Date benchmark assessment completed:** _____

Un nuevo parque de patinaje

Assessment Record

Nivel 24: *Un nuevo parque de patinaje*

Retelling Response Sheet

Name: _____

1   2   3   4   5   6   7   8   9   10
      Hard = 1–6   Instructional = 7–8   Easy = 9–10

	0 **Inaccurate**	**1** **Partial**	**2** **Full Detail**	**Check if prompted by teacher**
Main Character(s)	Inaccurate **or** no response	Los niños	Los estudiantes de cuarto grado de la escuela de Bay City	
Setting	Inaccurate **or** no response	Afuera	Afuera en Bay City	
Problem	Inaccurate **or** no response	En la ciudad no hay parques donde se pueda patinar sin peligro.	• A los niños les gusta patinar pero en la ciudad no hay parques donde se pueda patinar sin peligro. • Unos niños fueron a patinar frente a las tiendas de la calle principal, pero los dueños se disgustaron porque la gente no puede entrar a las tiendas. • Los patinadores han dañado las bancas y los bordes de la acera. • Unas personas de edad no volvieron a esas tiendas porque les da miedo de que las tumben.	
Solution	Inaccurate **or** no response	Construir un parque de patinaje en un sitio seguro	• Quieren que el concejo municipal construya un parque de patinaje al lado de las canchas de tenis porque ese lugar está bien iluminado de noche. • Un parque de patinaje debe ser para niños que están aprendiendo a patinar y para niños que saben patinar. • Los niños podrían patinar sin peligro en un parque de patinaje. Los dueños de las tiendas estarían contentos porque las aceras no serían peligrosas.	
Sequence	Gives *no* events **or** provides *some* events inaccurately sequenced	Identifies *some* events in the correct order	Relates *most* **or** *all* of the events in the correct order	

Reading level

Running Words 172

Accuracy level: $\dfrac{172 - }{172} = $ %

Self-correction rate: ——— = ——— = 1:

%	99	98	97	96	95	94	93	92	91	90	89	88	87	86	85
Errors	1-2	3	4-5	6-7	8-9	10	11-12	13	14-15	16-17	18	19	20-21	22	23

Reading level *(with understanding)*: **Easy / Instructional / Hard**

Reading Record

Name: _____ Age: _____ Date: _____

Text: __**Un nuevo parque de patinaje**__ Level: __24__ R. W: __172__

Text type: __*Persuasive*__ Accuracy: _____ S.C. Rate: _____

Ésta es una carta al concejo municipal para pedir un nuevo parque de patinaje.	E	S.C.	Errors MSV	Self corrections MSV
El patinaje en tabla es un deporte muy popular. Muchos niños de Bay City lo practican. Pero en la ciudad no hay parques donde se pueda patinar sin peligro. El fin de semana pasado, unos niños de nuestra escuela fueron a patinar en tabla frente a las tiendas de la calle principal. Los dueños de las tiendas dicen que la gente no puede entrar y están muy disgustados. Dicen que los patinadores en tabla han dañado las bancas y los bordes de la acera. Algunas personas de edad ya no volvieron a esas tiendas porque les da miedo de que un patinador las tumbe. Quisiéramos que el concejo municipal construyera un parque de patinaje. Podría hacerse al lado de las canchas de tenis. Ése es un buen lugar porque está bien iluminado de noche. Nos gustaría que el concejo nos dejara ayudar a diseñarlo. Un parque de patinaje debe ser para niños que están aprendiendo a patinar en tabla. Pero también debe ser para patinadores expertos que saben hacer movimientos más difíciles.				
El estudiante termina de leer el libro. **Total**				

Reading Record © Harcourt Achieve Inc., 2004.

Analysis of Reading Behaviors

Name: _____

Record the date under the appropriate observation
and next steps you recommend.

	PM Levels 23–30
	Fluency Reading

Reading Skills	Observed Achievement of Skill	Observed Difficulty with Skill	Recommended Next Steps
Reads independently from variety of genres			
Self-monitors and self-corrects flexibly and efficiently in order to maintain meaning			
Asks questions to confirm understanding			
Forms and supports opinions about books			
Uses text-to-self, text-to-text, and text-to-world connections to enhance comprehension			
Evidences a knowledge of most spelling conventions			
Listens to longer chapter books			
Reads chapter books independently			
Successfully problem-solves unknown words			
Adapts strategies flexibly to fulfill a range of reading purposes			
Shows confidence when reading new text			
Summarizes and synthesizes stories and informational texts			
Draws conclusions while reading			
Make inferences required in complex texts			
Uses all available clues to make meaning			

Evaluación
Comprehension Check

Name: _____

Questions to check for understanding *(check if understanding acceptable)*

1. ¿Qué dañaron los patinadores? *(literal)*

   Response: (las bancas y los bordes de la acera) ☐

2. ¿Por qué unas personas de edad no van a las tiendas de la calle principal? *(literal)*

   Response: (Tienen miedo de que un patinador las haga caer.) ☐

3. ¿Por qué los niños creen que será bueno construir el parque de patinaje al lado de las canchas de tenis? *(literal)*

   Response: (Es un lugar bien iluminado de noche.) ☐

4. En un parque de patinaje hay rampas, escalones y tubos. ¿Qué te parece que es lo más importante? ¿Por qué? *(inferential)*

   Response: (Response should reflect interpretation and higher-level thinking.) ☐

5. Explica por qué los niños le escribieron al concejo municipal. *(inferential)*

   Response: (Response should reflect interpretation and higher-level thinking.) ☐

Comprehension Strategies Checklist

Record the date under the appropriate observation and next steps you recommend.

Comprehension Strategy	Observed Achievement	Observed Difficulty	Recommended Next Steps
Uses prior knowledge and experience			
Identifies main idea or theme			
Compares and contrasts information			
Summarizes information			
Considers purpose for reading			
Asks questions to clarify meaning			
Connects ideas			
Text-to-text			
Text-to-self			
Text-to-world			
Visualizes information			
Uses fix-up strategies to monitor comprehension			
Makes and confirms predictions			
Draws inferences			

Teacher: _____ **Date benchmark assessment completed:** _____

Name: _____

1   2   3   4   5   6   7   8   9   10   11   12   13   14
Hard = 1–8   Instructional = 9–11   Easy = 12–14

1–14 Details	Check if prompted by teacher

Important Information

- **Movimiento y aspecto:**

  1. Excelentes nadadores

  2. Pueden cerrar las fosas nasales.

  3. Pueden sumergirse hasta por 15 minutos.

  4. Tienen dedos palmeados en las patas traseras, pelaje a prueba de agua, y una cola plana y sin pelo.

  5. Los adultos miden más de una yarda de largo.

  6. Tienen enormes dientes frontales para morder troncos.

- **Constructores:**

  7. Construyen diques con árboles que tumban.

  8. Arrastran troncos y ramas hasta un arroyo.

  9. Entierran los extremos de cada tronco entre piedras.

  10. Rellenan las grietas con ramas más pequeñas, plantas acuáticas y lodo.

  11. Construyen una isla de ramas y lodo en el lago, y hacen una madriguera.

  12. En la madriguera, que está por encima del nivel del agua, cuidan a sus crías.

  13. Otros animales no pueden entrar a la madriguera.

- **Inviermo:**

  14. Los lagos se congelan pero los castores nadan por debajo del agua.

Reading level

Running Words 173

Accuracy level: $\dfrac{173 -}{173}$ = _____ %

Self-correction rate: _____ = _____ = 1:

%	99	98	97	96	95	94	93	92	91	90	89	88	87	86	85
Errors	1-2	3	4-5	6-7	8-9	10	11-12	13	14-15	16-17	18	19	20-21	22	23

Reading level *(with understanding)*: **Easy / Instructional / Hard**

Rigby
PM Evaluación

Reading Record

Name: _____ Age: _____ Date: _____

Text: **Los castores** Level: **25** R. W: **173**

Text type: *Informative* Accuracy: _____ S.C. Rate: _____

Este texto informativo explica cómo son y cómo viven los castores.	E	S.C.	Errors MSV	Self corrections MSV
Los castores son excelentes nadadores. Tienen dedos palmeados en las patas traseras, pelaje a prueba de agua, y una cola plana y sin pelo. Pueden cerrar las fosas nasales y sumergirse hasta por 15 minutos. Los castores adultos llegan a medir más de una yarda de largo. Tienen enormes dientes frontales para mordisquear los troncos de los árboles. Los dientes son fuertes y afilados, y crecen durante toda la vida. Un castor puede cortar con los dientes un tronco de media yarda de ancho. Los castores construyen diques con los árboles que tumban. Para hacer un nuevo dique, arrastran troncos y ramas hasta un arroyo, y entierran los extremos de cada tronco entre piedras. Después acumulan más piedras y lodo alrededor de los troncos para sujetarlos bien. Rellenan las grietas con ramas más pequeñas, plantas acuáticas y lodo. El agua forma un lago detrás del dique. Entonces el castor y su pareja cortan más árboles y construyen una isla de ramas y lodo en el lago. Ésa será la madriguera de los castores.				
El estudiante termina de leer el libro. Total				

Reading Record © Harcourt Achieve Inc., 2004.
This page may be photocopied for educational use within the purchasing institution. 121

Analysis of Reading Behaviors

Name: _____

Record the date under the appropriate observation and next steps you recommend.

PM Levels 23–30 Fluency Reading

Reading Skills	Observed Achievement of Skill	Observed Difficulty with Skill	Recommended Next Steps
Reads independently from variety of genres			
Self-monitors and self-corrects flexibly and efficiently in order to maintain meaning			
Asks questions to confirm understanding			
Forms and supports opinions about books			
Uses text-to-self, text-to-text, and text-to-world connections to enhance comprehension			
Evidences a knowledge of most spelling conventions			
Listens to longer chapter books			
Reads chapter books independently			
Successfully problem-solves unknown words			
Adapts strategies flexibly to fulfill a range of reading purposes			
Shows confidence when reading new text			
Summarizes and synthesizes stories and informational texts			
Draws conclusions while reading			
Make inferences required in complex texts			
Uses all available clues to make meaning			

Comprehension Check

Name:

Questions to check for understanding *(check if understanding acceptable)*

1. ¿Cómo cortan los árboles los castores? *(literal)*

   Response: (Mordisquean los troncos.) ☐

2. ¿Qué hacen los castores con los árboles que cortan? *(literal)*

   Response: (Construyen diques.) ☐

3. Cuando los castores construyen un dique a través de un arroyo, ¿qué sucede con el agua que no puede pasar? *(literal)*

   Response: (El agua forma un lago detrás del dique.) ☐

4. ¿Por qué crees que los castores necesitan construir su madriguera en una isla? *(inferential)*

   Response: (Response should reflect interpretation and higher-level thinking.) ☐

5. Explica por qué los castores construyen un túnel por debajo del agua. *(inferential)*

   Response: (Response should reflect interpretation and higher-level thinking.) ☐

Comprehension Strategies Checklist

Record the date under the appropriate observation and next steps you recommend.

Comprehension Strategy	Observed Achievement	Observed Difficulty	Recommended Next Steps
Uses prior knowledge and experience			
Identifies main idea or theme			
Compares and contrasts information			
Summarizes information			
Considers purpose for reading			
Asks questions to clarify meaning			
Connects ideas			
Text-to-text			
Text-to-self			
Text-to-world			
Visualizes information			
Uses fix-up strategies to monitor comprehension			
Makes and confirms predictions			
Draws inferences			

Teacher: _____   **Date benchmark assessment completed:** _____

Assessment Record

Nivel 26: *Un gran sentido del olfato*

Retelling Response Sheet

Name: _____

1	2	3	4	5	6	7	8	9	10

Hard = 1–6   Instructional = 7–8   Easy = 9–10

	0 **Inaccurate**	**1** **Partial**	**2** **Full Detail**	**Check if prompted by teacher**
Main Character(s)	Inaccurate **or** no response	Sofía **o** Elisa	Sofía **y** Elisa	
Setting	Inaccurate **or** no response	Adentro	Adentro en la casa de Elisa	
Problem	Inaccurate **or** no response	• Sofía pasó la noche en la casa de Elisa. • Cuando dormían, Sofía se despertó porque olió humo. • Sofía se dio cuenta de que la casa se estaba incendiando.	• Sofía, que es ciega, comió y se quedó a dormir en la casa de Elisa. • Las niñas se acostaron y se durmieron. • Unas horas después, Sofía se despertó inquieta. • Sofía olió humo y se dio cuenta de que la casa se estaba incendiando.	
Solution	Inaccurate **or** no response	• Los padres de Elisa se despertaron. • Papá llamó a los bomberos.	• Los padres de Elisa oyeron los gritos de Sofía y se despertaron. • Todos salieron de la casa y Papá llamó a los bomberos. • Entonces sonó la alarma. Sofía sintió el humo mucho antes que la alarma.	
Sequence	Gives *no* events **or** provides *some* events inaccurately sequenced	Identifies *some* events in the correct order	Relates *most* **or** *all* of the events in the correct order	

Reading level

Running Words 179

Accuracy level: $\dfrac{179 -}{179}$ = _____ %

Self-correction rate: _____ = _____ = 1:

%	99	98	97	96	95	94	93	92	91	90	89	88	87	86	85
Errors	1-2	3-4	5	6-7	8	9	10	11	12-13	14	15-16	17	18	19	20

Reading level *(with understanding):* **Easy / Instructional / Hard**

Reading Record

Name: _____   **Age:** _____   **Date:** _____

Text: **Un gran sentido del olfato**   **Level:** 26   **R. W:** 179

Accuracy: _____   **S.C. Rate:** _____

Éste es un cuento sobre una niña ciega, llamada Sofía, que pasa el fin de semana en la casa de su amiga Elisa.	E	S.C.	Errors MSV	Self corrections MSV
Sofía tocó la baranda y bajó con cuidado por las escaleras que iban al patio. —Algo huele delicioso —exclamó. —Papá está haciendo pollo a la parrilla —contestó Elisa. Sofía era ciega. Muchas veces pasaba el fin de semana en la casa de su amiga Elisa. Cuando estaban juntas, las niñas hacían muchas cosas y se divertían. Esa noche, se acostaron hablando del paseo de pesca del día siguiente. Al poco rato las niñas se durmieron. Varias horas después Sofía se despertó intranquila. Se dio media vuelta, pero su instinto le dijo que algo andaba mal. Escuchó, pero todo estaba en silencio. Sin embargo, seguía teniendo esa sensación de intranquilidad. De pronto, Sofía se dio cuenta de lo que pasaba: ¡sentía olor a humo!				
Sabía que tenía que despertar a Elisa inmediatamente. —¡Despierta, Elisa! —gritó Sofía—. ¡Creo que la casa se está incendiando!				
Los padres de Elisa oyeron los gritos de Sofía y corrieron a la habitación. Todos salieron de la casa lo más rápido posible. El papá de Elisa corrió a la casa vecina a llamar a los bomberos.				
El estudiante termina de leer el libro. **Total**				

Analysis of Reading Behaviors

Name: _____

Record the date under the appropriate observation
and next steps you recommend.

**PM Levels 23–30
Fluency Reading**

Reading Skills	Observed Achievement of Skill	Observed Difficulty with Skill	Recommended Next Steps
Reads independently from variety of genres			
Self-monitors and self-corrects flexibly and efficiently in order to maintain meaning			
Asks questions to confirm understanding			
Forms and supports opinions about books			
Uses text-to-self, text-to-text, and text-to-world connections to enhance comprehension			
Evidences a knowledge of most spelling conventions			
Listens to longer chapter books			
Reads chapter books independently			
Successfully problem-solves unknown words			
Adapts strategies flexibly to fulfill a range of reading purposes			
Shows confidence when reading new text			
Summarizes and synthesizes stories and informational texts			
Draws conclusions while reading			
Make inferences required in complex texts			
Uses all available clues to make meaning			

Comprehension Check

Name: _____

Questions to check for understanding *(check if understanding acceptable)*

1. ¿Qué limitación física tiene Sofía? *(literal)*

   Response: (Es ciega.) ☐

2. ¿Cuándo se quedaba Sofía con Elisa? *(literal)*

   Response: (los fines de semana) ☐

3. ¿Por qué despertó intranquila Sofía? *(literal)*

   Response: (por el olor del humo) ☐

4. ¿Por qué crees que Sofía tiene mejor olfato que Elisa? *(inferential)*

   Response: (Response should reflect interpretation and higher-level thinking.) ☐

5. Cuando Sofía olió el humo, supo que tenía que despertar a Elisa inmediatamente. Explica por qué eso es importante. *(inferential)*

   Response: (Response should reflect interpretation and higher-level thinking.) ☐

Comprehension Strategies Checklist

Record the date under the appropriate observation and next steps you recommend.

Comprehension Strategy	Observed Achievement	Observed Difficulty	Recommended Next Steps
Uses prior knowledge and experience			
Identifies main idea or theme			
Compares and contrasts information			
Summarizes information			
Considers purpose for reading			
Asks questions to clarify meaning			
Connects ideas			
Text-to-text			
Text-to-self			
Text-to-world			
Visualizes information			
Uses fix-up strategies to monitor comprehension			
Makes and confirms predictions			
Draws inferences			

Teacher: _____ **Date benchmark assessment completed:** _____

Name: _____

1   2   3   4   5   6   7   8   9   10   11   12   13   14   15   16   17
Hard = 1–11   Instructional = 12–14   Easy = 15–17

	1–17 Details	Check if prompted by teacher

Important Information

- **Movimiento y aspecto:**

    1. Hay que prepararse para explorar bosques y lomas.

    2. Hay que ir con un adulto, no solos.

- **Ropa:**

    3. Usa pantalones largos y calcetines para protegerte las piernas de los insectos.

    4. Usa una camisa suelta de mangas largas que se puedan arremangar.

    5. Usa zapatos cómodos.

    6. Ponte un sombrero.

    7. Lleva una mochila fuerte con bolsillos afuera.

    8. Lleva una chaqueta impermeable.

    9. Lleva un suéter y un par de calcetines extra.

- **Comida:**

    10. Lleva frutas, verduras, nueces y sándwiches.

    11. Los chocolates y las galletas dan energía.

    12. Lleva agua para que no te deshidrates.

- **Protección:**

    13. Lleva un teléfono celular en caso de emergencia.

    14. Lleva un botiquín de primeros auxilios.

    15. Lleva protector solar para que no te quemes.

    16. Consulta el pronóstico del tiempo antes de salir.

    17. Cuéntale tus planes a otra persona.

Reading level

Accuracy level: $\dfrac{158-}{158}$ = _____ %

Running Words 158

Self-correction rate: _____ = _____ = 1: _____

%	99	98	97	96	95	94	93	92	91	90	89	88	87	86	85
Errors	1-2	3	4-5	6	7-8	9-10	11	12-13	14	15-16	17	18-19	20	21	22

Reading level *(with understanding)*: Easy / Instructional / Hard

Rigby PM Evaluación

Reading Record

Name: _____ Age: _____ Date: _____

Text: **Preparativos para una excursión** _____ Level: __27__ R. W: __158__

Text type: _Procedural_ _____ Accuracy: _____ S.C. Rate: _____

Este texto informativo explica cómo prepararse para una excursión en un bosque.	E	S.C.	Errors MSV	Self corrections MSV
Es emocionante ir a explorar lomas y bosques. Pero hay que estar preparados para cualquier emergencia. Primero debes decidir adónde irás y quién te acompañará. Ve siempre con un adulto. Nunca explores un bosque sin compañía. Es importante llevar la ropa adecuada. Muchas personas se ponen pantalones largos y calcetines para protegerse las piernas de picaduras de insectos y de rasguños de malezas. Sería bueno que te pusieras una camisa suelta de mangas largas que puedan arremangarse. Es esencial llevar zapatos o botas cómodas. También debes llevar un sombrero para el sol. Lleva una mochila resistente que ojalá tenga bolsillos afuera. Mete en la mochila una chaqueta impermeable, un suéter grueso y un par de calcetines extra, por si cambia el tiempo. Prepara una lonchera de plástico con frutas, verduras, nueces y sándwiches para comer durante el día. Para merendar, lleva galletas y chocolatinas: te darán energía. Lleva una botella grande de agua para que no te deshidrates.				
El estudiante termina de leer el libro. Total				

Analysis of Reading Behaviors

Name: _____

Record the date under the appropriate observation
and next steps you recommend.

> **PM Levels 23–30**
> **Fluency Reading**

Reading Skills	Observed Achievement of Skill	Observed Difficulty with Skill	Recommended Next Steps
Reads independently from variety of genres			
Self-monitors and self-corrects flexibly and efficiently in order to maintain meaning			
Asks questions to confirm understanding			
Forms and supports opinions about books			
Uses text-to-self, text-to-text, and text-to-world connections to enhance comprehension			
Evidences a knowledge of most spelling conventions			
Listens to longer chapter books			
Reads chapter books independently			
Successfully problem-solves unknown words			
Adapts strategies flexibly to fulfill a range of reading purposes			
Shows confidence when reading new text			
Summarizes and synthesizes stories and informational texts			
Draws conclusions while reading			
Make inferences required in complex texts			
Uses all available clues to make meaning			

Evaluación

Comprehension Check

Name: _____

Questions to check for understanding *(check if understanding acceptable)*

1. ¿Por qué es bueno ponerse pantalones largos y calcetines en una excursión? *(literal)*

   Response: (para protegerse las piernas de picaduras de insectos y de rasguños de malezas) ☐

2. ¿Por qué es bueno llevar un suéter grueso y un par de calcetines extra? *(literal)*

   Response: (por si cambia el tiempo) ☐

3. ¿Qué es deshidratarse? *(literal)*

   Response: (perder agua del cuerpo) ☐

4. ¿Por qué crees que es buena idea contarle a alguien más adónde vamos y a qué hora volveremos? ¿Por qué no basta con llevar teléfono celular? *(inferential)*

   Response: (Response should reflect interpretation and higher-level thinking.) ☐

5. Describe una emergencia que puede pasar en una excursión. *(inferential)*

   Response: (Response should reflect interpretation and higher-level thinking.) ☐

Comprehension Strategies Checklist

Record the date under the appropriate observation and next steps you recommend.

Comprehension Strategy	Observed Achievement	Observed Difficulty	Recommended Next Steps
Uses prior knowledge and experience			
Identifies main idea or theme			
Compares and contrasts information			
Summarizes information			
Considers purpose for reading			
Asks questions to clarify meaning			
Connects ideas			
Text-to-text			
Text-to-self			
Text-to-world			
Visualizes information			
Uses fix-up strategies to monitor comprehension			
Makes and confirms predictions			
Draws inferences			

Teacher: _____   **Date benchmark assessment completed:** _____

Assessment Record
Nivel 28: *Huellas en el arroyo*
Retelling Response Sheet

Name: _____

1	2	3	4	5	6	7	8

Hard = 1–4   Instructional = 5–6   Easy = 7–8

	0 Inaccurate	1 Partial	2 Full Detail	Check if prompted by teacher
Main Character(s)	Inaccurate **or** no response	Unos pioneros **o** los muchachos	Ángel, Adrián **y** Víctor	
Setting	Inaccurate **or** no response	Afuera	Afuera en las montañas	
Events	Inaccurate **or** no response **or** **1** of the following: • Después de las llanuras, la familia llegó a un bosque de pinos en las montañas. • Cada día acampaban cerca del agua y pescaban porque se les estaba acabando la comida. • Era septiembre y hacía frío, y de noche hacían fogatas para calentarse. • Una noche, cuando buscaba piñas de pino para la fogata, Ángel vio unas huellas cerca del arroyo. • Víctor fue con Ángel a ver y descubrió que eran huellas de oso.	**2–3** of the following: • Después de las llanuras, la familia llegó a un bosque de pinos en las montañas. • Cada día acampaban cerca del agua y pescaban porque se les estaba acabando la comida. • Era septiembre y hacía frío, y de noche hacían fogatas para calentarse. • Una noche, cuando buscaba piñas de pino para la fogata, Ángel vio unas huellas cerca del arroyo. • Víctor fue con Ángel a ver y descubrió que eran huellas de oso.	**4 or more** of the following: • Después de las llanuras, la familia llegó a un bosque de pinos en las montañas. • Cada día acampaban cerca del agua y pescaban porque se les estaba acabando la comida. • Era septiembre y hacía frío, y de noche hacían fogatas para calentarse. • Una noche, cuando buscaba piñas de pino para la fogata, Ángel vio unas huellas cerca del arroyo. • Víctor fue con Ángel a ver y descubrió que eran huellas de oso.	
Sequence	Gives *no* events **or** provides *some* events inaccurately sequenced	Identifies *some* events in the correct order	Relates *most* **or** *all* of the events in the correct order	

Reading level

Running Words 161

Accuracy level: $\dfrac{161-}{161}$ = _____ %

Self-correction rate: ——— = ——— = 1: ———

%	99	98	97	96	95	94	93	92	91	90	89	88	87	86	85
Errors	1-2	3	4-5	6	7-8	9	10	11-12	13-14	15	16	17-18	19	20	21

Reading level *(with understanding)*: **Easy / Instructional / Hard**

Rigby
PM
Evaluación

Reading Record

Name: _____   Age: _____   Date: _____

Text: __**Huellas en el arroyo**_____   Level: __28__   R. W: __161__

Accuracy: _____   S.C. Rate: _____

Éste es un cuento sobre tres pioneros — Ángel y Adrián y Víctor— que viajan al oeste en una carreta.	E	S.C.	Errors MSV	Self corrections MSV
Tras unas mil millas, el camino se apartaba de las llanuras sin árboles. Conducía a los pioneros más al oeste, hacia las montañas cubiertas de bosques de pinos. Sus ojos se dieron un banquete con los picos montañosos cubiertos de nieve. Este cambio era un gran alivio después del sofocante calor de las llanuras. Cada día, después de mucho andar, Ángel y Adrián, junto con su hermano Víctor, acampaban cerca del agua. En las quebradas había truchas, así que siempre que podían corrían a pescar. El pescado fresco era bien recibido porque se les estaban agotando las provisiones. Septiembre había llegado y los vientos que soplaban desde los picos nevados enfriaban las noches del otoño. Al anochecer, la familia se sentaba junto al calor del fuego. Al acostarse dentro de la carreta, tiritaban bajo las mantas. Una tarde, mientras recogían piñas de pino para prender la fogata, Ángel descubrió algo raro. Volvió corriendo ahogado de la emoción hasta donde estaba Víctor.				

El estudiante termina de leer el libro.	Total			

Reading Record © Harcourt Achieve Inc., 2004.

Analysis of Reading Behaviors

Name: _____

Record the date under the appropriate observation and next steps you recommend.

**PM Levels 23–30
Fluency Reading**

Reading Skills	Observed Achievement of Skill	Observed Difficulty with Skill	Recommended Next Steps
Reads independently from variety of genres			
Self-monitors and self-corrects flexibly and efficiently in order to maintain meaning			
Asks questions to confirm understanding			
Forms and supports opinions about books			
Uses text-to-self, text-to-text, and text-to-world connections to enhance comprehension			
Evidences a knowledge of most spelling conventions			
Listens to longer chapter books			
Reads chapter books independently			
Successfully problem-solves unknown words			
Adapts strategies flexibly to fulfill a range of reading purposes			
Shows confidence when reading new text			
Summarizes and synthesizes stories and informational texts			
Draws conclusions while reading			
Make inferences required in complex texts			
Uses all available clues to make meaning			

Name: _____

Questions to check for understanding *(check if understanding acceptable)*

1. ¿Por qué los vientos eran fríos cuando la familia llegó a las montañas? *(literal)*

   Response: *(porque bajaban de los picos nevados)*   ☐

2. En este cuento, ¿con qué prendían las fogatas? *(literal)*

   Response: *(con piñas de pino)*   ☐

3. ¿De qué eran las huellas extrañas que vieron? *(literal)*

   Response: *(de un oso pardo)*   ☐

4. ¿Qué crees que quiso decir la autora con esta oración: "Sus ojos se dieron un banquete con los picos montañosos cubiertos de nieve"? *(inferential)*

   Response: *(Response should reflect interpretation and higher-level thinking.)*   ☐

5. Cómo sabes que este cuento no sucede hoy? Explica detalles que sean diferentes a los de hoy. *(inferential)*

   Response: *(Response should reflect interpretation and higher-level thinking.)*   ☐

Comprehension Strategies Checklist

Record the date under the appropriate observation and next steps you recommend.

Comprehension Strategy	Observed Achievement	Observed Difficulty	Recommended Next Steps
Uses prior knowledge and experience			
Identifies main idea or theme			
Compares and contrasts information			
Summarizes information			
Considers purpose for reading			
Asks questions to clarify meaning			
Connects ideas			
Text-to-text			
Text-to-self			
Text-to-world			
Visualizes information			
Uses fix-up strategies to monitor comprehension			
Makes and confirms predictions			
Draws inferences			

Teacher: _____   **Date benchmark assessment completed:** _____

Assessment Record

Nivel 29: *El ciclón Tracy destruye Darwin*

Retelling Response Sheet

Name: _____

1   2   3   4   5   6   7   8
Hard = 1–4   Instructional = 5–6   Easy = 7–8

	0 **Inaccurate**	**1** **Partial**	**2** **Full Detail**	**Check if prompted by teacher**
Main Character(s)	Inaccurate **or** no response	Un ciclón	El ciclón Tracy	
Setting	Inaccurate **or** no response	Australia	Darwin, Australia	
Events	Inaccurate **or** no response **or** 1–4 of the following: • Un 25 de diciembre, un ciclón arrasó Darwin, Australia. • Dejó muchos muertos y heridos. • Los fuertes vientos dañaron muchos edificios y mucha gente quedó sin casa. • Las calles quedaron llenas de carros dañados, de vidrio y de hierro. Los cables eléctricos y del teléfono se cayeron. • El hospital, el aeropuerto, los aviones y los barcos sufrieron daños y se perdieron. • Las sirenas dieron la alarma cada 15 minutos. • La gente se refugió en sótanos y baños. • La ciudad fue evacuada.	**5–6** of the following: • Un 25 de diciembre, un ciclón arrasó Darwin, Australia. • Dejó muchos muertos y heridos. • Los fuertes vientos dañaron muchos edificios y mucha gente quedó sin casa. • Las calles quedaron llenas de carros dañados, de vidrio y de hierro. Los cables eléctricos y del teléfono se cayeron. • El hospital, el aeropuerto, los aviones y los barcos sufrieron daños y se perdieron. • Las sirenas dieron la alarma cada 15 minutos. • La gente se refugió en sótanos y baños. • La ciudad fue evacuada.	**7 or more** of the following: • Un 25 de diciembre, un ciclón arrasó Darwin, Australia. • Dejó muchos muertos y heridos. • Los fuertes vientos dañaron muchos edificios y mucha gente quedó sin casa. • Las calles quedaron llenas de carros dañados, de vidrio y de hierro. Los cables eléctricos y del teléfono se cayeron. • El hospital, el aeropuerto, los aviones y los barcos sufrieron daños y se perdieron. • Las sirenas dieron la alarma cada 15 minutos. • La gente se refugió en sótanos y baños. • La ciudad fue evacuada.	
Sequence	Gives *no* events **or** provides *some* events inaccurately sequenced	Identifies *some* events in the correct order	Relates *most* **or** *all* of the events in the correct order	

Reading level

Running Words 171

Accuracy level: $\dfrac{171-}{171}$ = _____ %

Self-correction rate: _____ = _____ = 1:

%	99	98	97	96	95	94	93	92	91	90	89	88	87	86	85
Errors	1-2	3	4-5	6-7	8-9	10	11-12	13	14-15	16-17	18	19	20-21	22	23

Reading level *(with understanding)*: **Easy / Instructional / Hard**

Reading Record

Name: _____   **Age:** _____   **Date:** _____

Text: **El ciclón Tracy destruye Darwin** _____   **Level:** __29__   **R. W:** __171__

Text type: *Report* _____   **Accuracy:** _____   **S.C. Rate:** _____

Este texto informativo describe lo que sucedió cuando pasó un ciclón por la ciudad de Darwin.	E	S.C.	Errors MSV	Self corrections MSV
La ciudad de Darwin, Australia, fue arrasada en la madrugada del miércoles 25 de diciembre por el ciclón Tracy*. Se sabe que hay por lo menos 40 muertos y cientos de heridos graves. El 95 por ciento de las edificaciones de la ciudad quedaron destruidas por los vientos. Éstos alcanzaron una velocidad de 125 millas por hora. Se cree que unas 20,000 personas quedaron sin hogar. La mayoría de las casas de Darwin quedaron sin techo y sin paredes, y muchas parecen cajas de fósforos aplastadas. Las calles están llenas de carros destrozados y de materiales de construcción como hierro y vidrio. Los cables eléctricos y las líneas telefónicas se vinieron abajo, y las tuberías de agua se rompieron. A través de un radiotransmisor, un señor informó: "Parece como si hubiera caído una bomba atómica sobre Darwin". El hospital quedó sin techo. Los edificios del aeropuerto están destruidos y las aeronaves que estaban estacionadas son una masa de metal retorcido. Muchos barcos fueron arrastrados hacia la playa y por lo menos cuatro botes pesqueros están extraviados.				

El estudiante termina de leer el libro.	Total				

Reading Record © Harcourt Achieve Inc., 2004.
This page may be photocopied for educational use within the purchasing institution.

Rigby
PM Evaluación

Nivel 29: *El ciclón Tracy destruye Darwin*

Analysis of Reading Behaviors

Name: _____

Record the date under the appropriate observation and next steps you recommend.

**PM Levels 23–30
Fluency Reading**

Reading Skills	Observed Achievement of Skill	Observed Difficulty with Skill	Recommended Next Steps
Reads independently from variety of genres			
Self-monitors and self-corrects flexibly and efficiently in order to maintain meaning			
Asks questions to confirm understanding			
Forms and supports opinions about books			
Uses text-to-self, text-to-text, and text-to-world connections to enhance comprehension			
Evidences a knowledge of most spelling conventions			
Listens to longer chapter books			
Reads chapter books independently			
Successfully problem-solves unknown words			
Adapts strategies flexibly to fulfill a range of reading purposes			
Shows confidence when reading new text			
Summarizes and synthesizes stories and informational texts			
Draws conclusions while reading			
Make inferences required in complex texts			
Uses all available clues to make meaning			

Comprehension Check

Name:

Questions to check for understanding *(check if understanding acceptable)*

1. ¿Qué causó los daños cuando el ciclón Tracy arrasó la ciudad de Darwin? *(literal)*

   Response: (vientos de una velocidad de 125 millas por hora) ☐

2. Cuando los cables eléctricos y las líneas telefónicas se vinieron abajo, ¿cómo mandaron información de Darwin? *(literal)*

   Response: (a través de un radiotransmisor) ☐

3. ¿Dónde trataron de encontrar refugio muchas personas? *(literal)*

   Response: (en baños y sótanos, debajo de camas o dentro de armarios) ☐

4. ¿Por qué crees que fue necesario evacuar la ciudad? *(inferential)*

   Response: (Response should reflect interpretation and higher-level thinking.) ☐

5. Explica qué quiere decir el ojo de la tormenta. *(inferential)*

   Response: (Response should reflect interpretation and higher-level thinking.) ☐

Comprehension Strategies Checklist

Record the date under the appropriate observation and next steps you recommend.

Comprehension Strategy	Observed Achievement	Observed Difficulty	Recommended Next Steps
Uses prior knowledge and experience			
Identifies main idea or theme			
Compares and contrasts information			
Summarizes information			
Considers purpose for reading			
Asks questions to clarify meaning			
Connects ideas			
Text-to-text			
Text-to-self			
Text-to-world			
Visualizes information			
Uses fix-up strategies to monitor comprehension			
Makes and confirms predictions			
Draws inferences			

Teacher: _____ **Date benchmark assessment completed:** _____

Retelling Response Sheet

Name: _____

1 2 3 4 5 6 7 8 9 10
Hard = 1–6   Instructional = 7–8   Easy = 9–10

	0 **Inaccurate**	**1** **Partial**	**2** **Full Detail**	**Check if prompted by teacher**
Main Character(s)	Inaccurate **or** no response	Un caballo	Azabache	
Setting	Inaccurate **or** no response	Afuera	Afuera en una pradera **y** al lado de una estación de ferrocarril	
Problem	Inaccurate **or** no response	Azabache se asusta porque el tren hace mucho ruido.	• A Azabache lo llevan a una pradera al lado de una estación de ferrocarril. • Un tren de vapor pasa y hace mucho ruido y echa humo. • Azabache se asusta y corre al otro extremo del campo. • Azabache no puede comer en paz.	
Solution	Inaccurate **or** no response	Azabache se acostumbra al ruido del tren.	• Azabache se da cuenta de que los trenes no se le van a acercar. • Azabache aprende a vivir con el ruido y el humo de los trenes.	
Sequence	Gives *no* events **or** provides *some* events inaccurately sequenced	Identifies *some* events in the correct order	Relates *most* **or** *all* of the events in the correct order	

Reading level

Running Words 173

Accuracy level: $\frac{173-}{173}$ = _____ %

Self-correction rate: _____ = _____ = 1:

%	99	98	97	96	95	94	93	92	91	90	89	88	87	86	85
Errors	1-2	3	4-5	6-7	8-9	10	11-12	13	14-15	16-17	18	19	20-21	22	23

Reading level (*with understanding*): **Easy / Instructional / Hard**

Reading Record

Name: _____ Age: _____ Date: _____

Text: __**Azabache ve un tren de vapor**__ Level: __30__ R. W: __173__

Accuracy: _____ S.C. Rate: _____

Este relato del libro *Azabache* explica cómo entrenaron al caballo de ese nombre.	E	S.C.	Errors MSV	Self corrections MSV
Como parte de mi entrenamiento, mi amo me envió a una granja vecina. Me pusieron en una pradera al lado de una estación de ferrocarril. Nunca olvidaré el primer tren de vapor que pasó por allí. Estaba pastando tranquilamente junto a la cerca cuando oí un ruido extraordinario en la distancia. Antes de captar de dónde venía, un largo objeto negro pasó a toda velocidad con un ruido de matraca, dejando un montón de humo. Di media vuelta y galopé frenéticamente hasta el otro extremo de la pradera y allí me quedé resoplando, lleno de asombro y miedo. Durante el transcurso del día, muchos de esos largos objetos negros llegaron a la estación. A veces hacían un chirrido espantoso antes de detenerse. A mí me parecían aterradores, pero las vacas seguían comiendo plácidamente. Apenas levantaban la cabeza cuando los monstruosos objetos pasaban resoplando y rechinando. Durante los primeros días no pude comer en paz, pero al ir descubriendo que esas terribles criaturas nunca se acercaban ni me hacían daño, dejé de ponerles atención.				
El estudiante termina de leer el libro. Total				

Nivel 30: *Azabache ve un tren de vapor*

Analysis of Reading Behaviors

Name: _____

Record the date under the appropriate observation and next steps you recommend.

PM Levels 23–30 Fluency Reading

Reading Skills	Observed Achievement of Skill	Observed Difficulty with Skill	Recommended Next Steps
Reads independently from variety of genres			
Self-monitors and self-corrects flexibly and efficiently in order to maintain meaning			
Asks questions to confirm understanding			
Forms and supports opinions about books			
Uses text-to-self, text-to-text, and text-to-world connections to enhance comprehension			
Evidences a knowledge of most spelling conventions			
Listens to longer chapter books			
Reads chapter books independently			
Successfully problem-solves unknown words			
Adapts strategies flexibly to fulfill a range of reading purposes			
Shows confidence when reading new text			
Summarizes and synthesizes stories and informational texts			
Draws conclusions while reading			
Make inferences required in complex texts			
Uses all available clues to make meaning			

Analysis of Reading Behaviors © Harcourt Achieve Inc., 2004

Comprehension Check

Name: _____

Questions to check for understanding *(check if understanding acceptable)*

1. Este cuento usa las palabras *mi* y *me*. ¿Quién lo cuenta? *(literal)*

   Response: (el caballo Azabache)   ☐

2. ¿De qué parte del cuidadoso entrenamiento que le dio su amo habla Azabache? *(literal)*

   Response: (de ponerlo al lado de una estación de ferrocarril)   ☐

3. ¿Qué son los "monstruosos objetos que pasaban resoplando y rechinando"? *(literal)*

   Response: (los trenes)   ☐

4. ¿Qué crees que siente la autora hacia los caballos? *(inferential)*

   Response: (Response should reflect interpretation and higher-level thinking.)   ☐

5. Explica por qué un caballo aterrorizado ante la vista de un tren es peligroso. *(inferential)*

   Response: (Response should reflect interpretation and higher-level thinking.)   ☐

Comprehension Strategies Checklist

Record the date under the appropriate observation and next steps you recommend.

Comprehension Strategy	Observed Achievement	Observed Difficulty	Recommended Next Steps
Uses prior knowledge and experience			
Identifies main idea or theme			
Compares and contrasts information			
Summarizes information			
Considers purpose for reading			
Asks questions to clarify meaning			
Connects ideas			
Text-to-text			
Text-to-self			
Text-to-world			
Visualizes information			
Uses fix-up strategies to monitor comprehension			
Makes and confirms predictions			
Draws inferences			

Teacher: _____   **Date benchmark assessment completed:** _____

Record of Reading Progress

Name: _Luis Cruz_   D.O.B. _5/12/1996_

Reading Age

Data points (with dates):
- 9/12 — Level 1
- 10/20 — Level 3
- 1/15 — Level 6
- 3/11 — Level 8
- 4/30 — Level 10
- 10/13 — Level 11
- 12/13 — Level 12
- 2/13 — Level 14
- 5/10 — Level 17
- 9/8 — Level 18
- 11/20 — Level 20
- 5/7 — Level 22
- 9/18 — Level 23
- 2/3 — Level 25
- 4/28 — Level 27

Level					
Level 30					
Level 29					
Level 28					
Level 27					
Level 26					
Level 25					
Level 24					
Level 23					
Level 22					
Level 21					
Level 20					
Level 19					
Level 18					
Level 17					
Level 16					
Level 15					
Level 14					
Level 13					
Level 12					
Level 11					
Level 10					
Level 9					
Level 8					
Level 7					
Level 6					
Level 5					
Level 4					
Level 3					
Level 2					
Level 1					

Class Level	Grade 1	Grade 2	Grade 3	Grade 4	Grade 5
Year	2002-03	2003-04	2004-05	2005-06	2006-07
Schools	Hilltop	Hilltop	Hilltop	Hilltop	Hilltop

144

Record of Reading Progress

Name: _____

D.O.B. _____

Level	Reading Age				
Level 30					
Level 29					
Level 28					
Level 27					
Level 26					
Level 25					
Level 24					
Level 23					
Level 22					
Level 21					
Level 20					
Level 19					
Level 18					
Level 17					
Level 16					
Level 15					
Level 14					
Level 13					
Level 12					
Level 11					
Level 10					
Level 9					
Level 8					
Level 7					
Level 6					
Level 5					
Level 4					
Level 3					
Level 2					
Level 1					
Class Level					
Year					
School/s					

- More than one assessment may be recorded within each year

Reading Fluency

What Is a Fluent Reader?

Fluent readers read texts accurately and quickly with expression. They read expressively by dividing the tex into meaningful phrases and clauses, knowing when to pause appropriately within and at the end of sentences, and changing emphasis and tone while reading. A study by the National Assessment of Educational Progress (NAEP) has also found that fluent readers score higher on measures of comprehensio They make connections among the words and ideas in the text and between that text and their prior knowledge as well as other texts.

How Can Reading Fluency Be Assessed?

Reading fluency is comprised of two major elements: reading rate and prosodic features. Rate can be most commonly measured by a formal assessment of timed reading. Prosodic features, the reader's ability to use expression and phrasing, can be evaluated with an informal assessment that notes observations about the student's reading. The **Reading Fluency Assessment** on page 147 of this Guide can be used to record bot types of information about student's reading fluency.

To use the **Reading Fluency Assessment** form, choose a book at a student's PM Level that he or she is familiar with. The student should have read the book in a guided reading session at least two times and or independently as well. Choose a selection of text from the middle of the book for the timed reading.

Calculating Words Correct Per Minute

The chart below contains benchmark rates that pertain to mainstream reader's reading rates. Words Corre Per Minute should be gauged so that reading fluency can be assessed appropriately as students progress in their reading.

**Benchmarks for
Mainstream Readers**

End of Grade	Words Correct/Minute
1	60
2	90–100
3	114
4	140
5	160

eading Fluency Assessment

me: _____ Grade: _____ PM Level: _____ Date: _____

culate a student's WCPM rate by timing a familiar reading for one minute. Use the chart below to rate student's reading in the six fluency areas. Include the number rating 1, 2, 3 or 4 for each descriptor. Add ratings and divide by 6 to find the average. Check off any additional observations.

ords Correct Per Minute

al Words Read Per Minute (TWR) – Errors (E) = Words Correct Per Minute (WCPM) $\dfrac{}{TWE} - \dfrac{}{E} = \dfrac{}{WCPM}$

luency Area	1	2	3	4	Additional Observations
ression ing criptors	Monotone, word-by-word reading with no expression	Mostly word-by-word reading with little expression	Mixed word-by-word and phrased reading with some expression	Expressive reading with a consistent conversational tone	❏ Matches character's feelings ❏ Changes voice to differentiate speaker ❏ Uses volume to express emotion
				Expression Rating	
uracy ing criptors	Frequent errors, repetitions, false stars, miscues, mispronunciations	Some errors, repetitions, false stars, miscues, mispronunciations	Occasional errors with word recognition or pronunciation	Accurate word recognition and pronunciation	❏ Reads every word without skipping or substituting ❏ Pronounces difficult words accurately
				Accuracy Rating	
ention to ctuation ing criptors	No attention to punctuation signals for intonation or stress	Some attention to punctuation signals for intonation or stress	Moderate attention to punctuation signals for intonation or stress	Correct intonation and stress based on punctuation	❏ Varies volume according to print or punctuation cues ❏ Emphasizes italicized words
				Attention to Punctuation Rating	
ropriate asing Rating criptors	Little or no sense of phrase boundaries	Choppy reading with two- and three-word chunks that may not correspond to phrases	Moderate recognition of proper phrasing with some misplaced pauses for breath	Generally well-phrased with correct pauses for breath	❏ Varies volume when reading phrases ❏ Takes breath at appropriate times
				Appropriate Phrasing Rating	
ooth Reading ing criptors	Laborious reading pace	Moderately slow reading pace	Mixed fast and slow reading pace	Consistent reading pace	❏ Reading sounds confident and effortless
				Smooth Reading Rating	
nprehension ing criptors	Cannot retell main idea (or plot event) or details	Retells main idea (or plot event) or some details	Retells main idea (or plot event) with one or two details	Retells main idea (or plot event) with all supporting details	❏ Recounts events in order ❏ Creates an interpretation of text
				Comprehension Rating	
			Overall Fluency Rating (Average by adding all ratings ÷ 6)		**Final Score:**

Reading Record

Name: _____ **Age:** _____ **Date:** _____

Text: _____ **Level:** _____ **R. W:** _____

Accuracy: _____ **S.C. Rate:** _____

Page		E	S.C.	Errors MSV	Self corrections MSV
	Total				

Differences in Spanish Terminology

The Spanish-speaking population in the U.S. is large and diverse. This diversity is represented by the various countries of origin and cultures of these Spanish-speaking children. Effective literacy instruction for Spanish-speaking students must recognize and value all dialects and regional variations of Spanish represented in a classroom. Further, teachers of Spanish literacy must be aware of regional lexical and grammatical differences, and use these differences in the classroom as a way of validating and respecting the background and prior knowledge of all students. (from page 9 of *Colección PM, Guía del maestro*)

El libro dice...	También se dice...
la acera	la banqueta
arrebatar	quitar
atrapo	agarro, cojo
el autobús	el camión, el bus
avaricioso	codicioso, egoísta
¡Ayúdenme	¡Auxílienme!
las bayas	las frutillas
la bolsa	el saco
la cabaña	la choza, la casita
la caja	el cajón
el carro	el coche, el auto, la máquina, el pupú
el carrusel	el tiovivo, la calesita
se cayó	se tropezó
la cerca	la verja
chapoteó	nadó
la chaqueta	la chamarra, el saco
los cuartos	las recámaras, las habitaciones
las cuerdas	las sogas
¡En sus marcas!	¡En sus puestos!
escapar	huir
la escuela	el colegio
los gemelos	los jimaguas, los mellizos
hacer las camas	tender las camas
su hoyo	su hueco, su agujero
ir a la cama	acostarse, irse a dormir
ir a pescar	ir de pesca
una lagartija	un lagarto
las lechuzas	los búhos, los tecolotes
la loma	la colina, el cerro
mamá	mami, mima
la manada	el grupo, la tropa
los monos	los changos
montar	subir
el pájaro	el ave
papá	papi, pipo
el pasto	la hierba, la yerba, el zacate, el pastizal
la pelota	la bola
los picnics	las meriendas
una red	una malla
regresaban	volvían
río arriba	contra la corriente
seguros	a salvo
una silla	un asiento
¡Socorro!	¡Auxilio!
la tienda	el almacén
el tobogán	la resbaladera, la canal

El libro dice...	También se dice...
Kwan, el artista	
la escuela	el colegio
una hoja (de papel)	un pliego
el salón de clase	el aula
Los árboles de nuestro planeta	
despejar	limpiar, desbrozar
el hogar	la casa, la vivienda
las sillas	los asientos
El molinero, su hijo y su burro	
el burro	el asno
a carcajadas	a risotadas
se montara	se subiera
Un nuevo parque de patinaje	
el concejo	el consejo, el concilio
disgustados	enojados, molestos
las tiendas	los almacenes
Los castores	
el lodo	el barro
la madriguera	la cueva, el cubil
el pelaje	la piel, el pelo
Un gran sentido del olfato	
delicioso	sabroso, rico
incendiando	quemando, ardiendo
a la parrilla	a las brasas, al carbón
Preparativos para una excursión	
los calcetines	las medias
las lomas	las colinas, las montañas
los sándwiches	las tortas, los bocadillos
Huellas en el arroyo	
andar	caminar
el arroyo	el riachuelo, el riacho
las llanuras	las planicies, los llanos
El ciclón Tracy destruye Darwin	
el ciclón	el huracán
las edificaciones	los edificios, las construcciones
los fósforos	los cerillos
Azabache ve un tren de vapor	
aterrorizados	asustados, aterrados
una granja	una finca, un rancho
una pradera	un prado, un campo

Teacher's Notes

Teacher's Notes

Teacher's Notes